# HEDEHUSUM – EIN FÖHRINGER DORF

FÜR MEINE KINDER
UND ALLE HEDEHUSUMER

Reinhard Bordel

HEDEHUSUM

EIN FÖHRINGER DORF ZUM BEISPIEL

NR. 89

VERLAG NORDFRIISK INSTITUUT, BRÄIST/BREDSTEDT, NF
1989

Gedruckt mit finanzieller Unterstützung der Ministerin für Bildung, Wissenschaft, Jugend und Kultur des Landes Schleswig-Holstein, des Kreises Nordfriesland, der Gemeinde Utersum und der Ferring-Stiftung.

Alle Rechte vorbehalten
Verlag: Nordfriisk Instituut, D-2257 Bräist/Bredstedt, NF
Lektorat: Thomas Steensen
Fotos: Doktor-Carl-Haeberlin-Friesenmuseum (3)
  Privatbesitz (14), R. Bordel (36)
Titelgestaltung und Zeichnungen (8): R. Bordel
Satz: Fotosatz Husum GmbH
Druck und Verarbeitung: Husum Druck- und Verlagsgesellschaft, D-2250 Hüsem/Husum, NF
ISBN 3-88007-151-9

Inhalt

Vorwort	6
Einleitung	8
Vor- und Frühgeschichte	11
Deutung des Ortsnamens	24
Die Zeit des Salzsiedens	26
Heringsfischerei und Walfang	33
Ende der Grönlandfahrt, unsichere Übergangszeiten	47
Seefahrer werden Landeigentümer	50
Entwicklung in der Landwirtschaft	57
Die Flurnamen der Gemarkung	68
Markierungszeichen bei Haustieren	70
Auswanderung nach Amerika	76
Das Siedlungsbild in der Veränderung	90
Dorfvorsteher in Hedehusum	98
Der Fremdenverkehr	101
Das Wasserwerk	105
Die Schule	109
Die Feuerwehr	117
Jagd und Jäger	121
Der Fischfang	127
Menschen und Ereignisse	131
Lorentz Ocken	131
Namen Peter Matthiessen	134
Ing Peter Matzen	137
Besuch des Bundespräsidenten	139
Eingemeindung in die Gemeinde Utersum	141
Die Häuser und ihre Bewohner	144
Nachgewiesene frühere Häuser	183
Literatur- und Quellenverzeichnis	189
Anmerkungen	190
Personenregister	192

Vorwort

Auf einer Insel leben zu können, wird von immer mehr Menschen als Besonderheit und als nahezu erstrebenswert angesehen, vor allem in unserer Zeit, in der die großen Städte zunehmend ihre eigenen historischen Merkmale verlieren und die dort wohnenden Menschen in die Anonymität gedrängt werden. Unverwechselbare Wesensformen einer Insellandschaft hingegen, ihre Überschaubarkeit in der geographischen Ausdehnung und eine gegenseitige Zuwendung im menschlichen Bereich sind Vorteile, die vor allem die heranwachsenden Menschen nachhaltig beeinflussen und in ihnen eine tiefe Heimatbindung entstehen lassen. Die Inselfriesen haben dies auf ihren Fahrten über See und in alle Teile der Welt intensiv erlebt und vielfältig bestätigt.

Diese ungewöhnlich enge Heimatverbundenheit, die ein Grundzug der friesischen Insulaner ist, erfährt gewissermaßen noch eine Steigerung im Miteinander einer kleinen Dorfgemeinschaft, in der das Unverwechselbare und Einmalige jedes einzelnen Menschen wie auch der Tiere und Pflanzen aus der Umgebung unmittelbar erlebt und anerkannt werden. Hedehusum gehört schon seit Jahrhunderten zu den kleinsten Gemeinden auf Föhr. Der Reiz, gerade hier Spuren aus der Vergangenheit aufzudecken und ihnen nachzugehen, liegt also auf der Hand, vor allem für jemanden wie den Verfasser, der die Besonderheiten des Lebens in einer so kleinen Gemeinschaft erst in reiferem Alter erfuhr und schätzen lernte.

Die Beschäftigung mit der geschichtlichen Entwicklung von Hedehusum zeigt, daß die Vielfalt der Ereignisse und ihre Verknüpfung mit regionalen und überregionalen Geschehnissen überaus interessant und auch lehrreich ist, und zwar gerade weil der enge Lebensraum in seiner Überschaubarkeit ein Eindringen in die Tiefe möglich macht. Damit wird auch der Sinn dieser Aufzeichnungen sichtbar. Durch die Übermittlung der Ergebnisse von dem fortwährenden Auf und Ab menschlicher Bemühungen im Laufe der Zeiten lassen sich die heimatlichen Wurzeln deutlicher erkennen und machen die Identifizierung mit ihnen bewußter und eher nachvollziehbar. Nicht zuletzt mögen durch diese Offenlegung auch die Neubürger und die vielen Feriengäste von Hedehusum zu genaueren Kenntnissen und Einsichten gelangen und dadurch die friesische Art zu leben besser verstehen.

Erschöpfende Aussagen über die Jahrzehnte unseres allmählich auslaufenden 20. Jahrhunderts waren nur möglich durch die Hilfe und Unterstützung aller Bewohner des Dorfes, wofür ihnen hier gedankt wird. Ein besonderer Dank gilt dabei Inna Nielsen geb. Rörden und ihrem

Bruder Lorenz Tönis Rörden, die beide aus ihrer etwa 80 Jahre umfassenden persönlichen Erinnerung und ihrem eigenen Erleben vieles beitragen konnten, das wert ist, überliefert und erhalten zu werden. Ein persönlicher Dank geht an Volkert Faltings, Utersum, für seine Hilfe und wertvollen Ratschläge vor allem auf dem Gebiet der friesischen Sprache. In gleicher Weise sei Thomas Steensen vom Nordfriisk Instituut in Bredstedt gedankt für seine Bemühungen und seine Unterstützung bei der Drucklegung dieser Chronik.

Hedehusum 1988   *Reinhard Bordel*

Einleitung

Die zahlreichen vor- und frühgeschichtlichen Grabhübel auf der Gemarkung von Hedehusum sind Zeugnisse von Menschen, die in weit zurückliegenden Zeiten hier gelebt haben. Diese Hügel, die seit Tausenden von Jahren die unmittelbare Umgebung des Dorfes prägen, sind nicht nur eindrucksvoll und auffallend, sie erheben sozusagen auch unausgesprochen die Aufforderung, immer wieder zu versuchen, Vergangenheit und Gegenwart in einen Zusammenhang zu bringen und miteinander zu verknüpfen. Deshalb kann unser Rückblick in die Geschichte des Dorfes nicht erst dort beginnen, wo ein frühzeitiges schriftliches Dokument auf den Ort hinweist, sondern muß notwendigerweise die vorgeschichtlichen Zeugen an den Anfang der Betrachtungen stellen.

Die Weltgeschichte verläuft niemals geradlinig, sie vollzieht sich vielmehr in deutlichen Schwankungen, ohne dabei allerdings einen festen Rhythmus innezuhalten. Perioden scheinbarer Beständigkeit werden abgelöst von Zeiten großer Unregelmäßigkeit und Ungewißheit. So wissen die Heimatforscher von drei „goldenen Zeitaltern" auf Föhr zu berichten, deren Spuren es auch in Hedehusum zu verdeutlichen gilt. Dies waren der Bernsteinhandel in der Bronzezeit, das Salzsieden im Mittelalter und der Walfang bei Grönland während des 17. und 18. Jahrhunderts. Gerade hier brachten es die Inselfriesen zu herausragenden Leistungen, nicht zuletzt wegen ihres seemännischen Könnens, dessen Grundlagen sie sich auf der Insel aneigneten. Erwähnt werden sollte auch, daß Föhr gegenwärtig durch den Fremdenverkehr sein viertes goldenes Zeitalter erlebt.

Unsere Ausführungen haben sich weniger die Aufgabe gestellt, familiengeschichtliche Zusammenhänge in der Generationenfolge aufzuzeigen, diese lassen sich in den Geschlechter-Reihen von Lorenz Braren nachlesen. Hier soll vielmehr die Dorfgemeinschaft von Hedehusum dargestellt werden, wie sie sich den politischen, wirtschaftlichen und gesellschaftlichen Forderungen der jeweiligen Zeitepoche stellt und sie bewältigt.

Eine besondere Untersuchung befaßt sich mit der Auswanderung nach Amerika, und es kann als ein Glücksfall angesehen werden, daß sämtliche Amerika-Auswanderer des Dorfes namhaft gemacht werden konnten. Die Zusammenhänge ihrer Auswanderung sind eng verknüpft mit einer bestimmten Phase in der Veränderung des Siedlungsbildes in Hedehusum. Andere Veränderungen konnten für die Zeit von 1667 bis 1988 erarbeitet werden, also für mehr als 300 Jahre. Dabei soll hier darauf hingewiesen werden, daß die Häuser des Ortes erstmals in den Jahren 1799—1801 eine Nummernfolge erhielten. Auf sie beziehen sich alle im Text erwähnten Hausnummern, bevor im Kapitel über die gegenwärtig bewohnten Häuser die neue Numerierung von 1988 und die amtlichen Straßennamen verwandt werden.

Die europäischen politischen Geschehnisse werden nur am Rande erwähnt. Wichtig ist, die staatsrechtlichen Besonderheiten von Westerlandföhr zu verdeutlichen. Bereits im Jahre 1231 wurde im Erdbuch des Königs Waldemar II. unter den 13 Harden unserer Küstenregion auch die Westerharde, das war damals der Verwaltungsbezirk Westerlandföhr mit Amrum, als steuerpflichtig erwähnt. Die Westerharde, d.h. also Amrum und das gesamte Kirchspiel St. Laurentii sowie die Dörfer Witsum, Borgsum, Goting und teilweise Nieblum waren direkter dänischer Einflußbereich. Diese staatsrechtliche Zugehörigkeit zum dänischen Königreich blieb trotz vieler Unzulänglichkeiten und vorübergehender kurzer Veränderungen bis zum deutsch-dänischen Krieg im Jahre 1864 bestehen. Nach dessen Beendigung mußte Dänemark große Gebiete an Preußen und Österreich abtreten, und dazu gehörte auch die Insel Föhr. Ab 1867 gingen alle Rechte und Pflichten an die preußische Verwaltung über, und seither gehört Föhr zum deutschen Staatsgebiet.

Intensive politische Auseinandersetzungen um die Frage der staatlichen Zugehörigkeit gab es allerdings noch einmal in den ersten Jahren nach dem für Deutschland verlorengegangenen Ersten Weltkrieg in der sogenannten Abstimmungszeit. Aufgrund des Versailler Friedensvertrages wurde die Bevölkerung in zwei Zonen des bis 1864 unter dänischem Einfluß stehenden Gebietes aufgerufen, darüber in einer Abstimmung zu entscheiden. Im heutigen Nordschleswig, das damals zur ersten Zone erklärt worden war, gab es dabei durch die Bewohner eine klare Mehrheit für Dänemark.

Föhr gehörte zur zweiten Zone, in der die Abstimmung am 14. März 1920 stattfand. Das mit Spannung erwartete Ergebnis war, daß sich 74,5 % der Wähler für eine weitere Zugehörigkeit zu Deutschland entschieden hatten. Allerdings gab es in der gesamten zweiten Zone nur auf Föhr drei Gemeinden, die sich mehrheitlich für einen Anschluß an Dänemark aussprachen, nämlich Hedehusum, Utersum und Goting. In Hedehusum zählte man 16 Stimmen für Dänemark, denen 11 für Deutschland gegenüberstanden. Das Abstimmungsergebnis dieser drei Gemeinden von Westerlandföhr hatte aber weder einen entscheidenden Einfluß auf das Gesamtergebnis der Insel noch auf das der zweiten Zone, in der sich die Bevölkerung mit überzeugender Mehrheit für den

Verbleib in Deutschland ausgesprochen hatte. Die aufgrund dieser Abstimmungen vorgenommene Grenzziehung zwischen Deutschland und Dänemark hat heute noch Gültigkeit.

Folgende Abkürzungen kommen vor:

D-Mark, DM	Deutsche Mark	sog.	sogenannt
RM	Reichsmark	d. h.	das heißt
Rthlr, Rth	Reichsthaler	z. T.	zum Teil
Rbtr	Reichsbankthaler	od.	oder
Thr	Thaler	u.	und
BfA	Bundesanstalt für Angestellte	lt.	laut
ha	Hektar	o. a.	oben angeführt
dt.	deutsch	u. a.	unten angeführt
norw.	norwegisch	vgl.	vergleiche
fö.	föhring	bzw.	beziehungsweise

Vor- und Frühgeschichte

Wer sich ein wenig eingehender mit den bemerkenswerten und augenfälligen großen Grabhügeln in der Feldmark von Hedehusum beschäftigt, im allgemeinen Sprachgebrauch werden sie Hünengräber genannt, kann zunächst feststellen, daß sie an ausgesuchten Stellen auf dem hohen Geestrücken liegen. Die Föhrer Geest erhielt den wesentlichen Aufbau ihrer Bodenschichtung und die entscheidende Form ihrer Oberfläche während der vorletzten von insgesamt drei Vereisungen Norddeutschlands vor 250 000 – 160 000 Jahren in der Riß- oder Saale-Eiszeit. Während dieser Zeit drangen, von Norden kommend, im Laufe von Jahrtausenden gewaltige Eisgletscher bis an den Harz vor und bedeckten die Erdoberfläche von Südengland bis an die Wolga. Sie führten in großen Mengen Gesteine und Geröll aus Skandinavien mit sich, dazu Bernstein aus dem Ostseeraum, der später so bedeutungsvoll werden sollte. Auf dem Transport wurden die Gesteine teilweise zu Sand, Ton, Lehm und Mergel zerrieben und bildeten entsprechende Ablagerungen oder blieben, nachdem klimatische Veränderungen mit steigenden Temperaturen den Rückzug der Eismassen erzwangen, als unversehrte Steinblöcke hier zurück. Im Watt vor der Südküste der Insel, besonders bei Goting, liegen viele solcher „Findlinge", freigespült von den sie einst umgebenden Sandmassen.

Die dritte und letzte Vereisung Norddeutschlands vor 150 000 – 15 000 Jahren, die Würm- oder Weichsel-Eiszeit, drang zwar bis in die Mitte von Schleswig-Holstein vor, erreichte aber nicht mehr das Gebiet der Nordfriesischen Inseln, das damals noch keine Küstenregion war. Die Flächen des heutigen Wattenmeeres waren zu jener Zeit festes Land, die freie See begann erst viel weiter westwärts, noch hinter der Doggerbank. Der Meeresspiegel lag mehr als 25 m unter Normalnull, so daß die Geestkerne von Föhr, Amrum und Sylt weithin sichtbare Erhebungen in einer flachen und ebenen Landschaft waren.

Neuere niederländische Untersuchungen haben ergeben, daß die Nordsee erst in der Zeit zwischen 5000 und 2000 v. Chr. mit allmählich ansteigendem Wasserspiegel gegen die heutige Küstenlinie vorrückte. Dabei entstand durch Meeresablagerungen über dem ehemals sumpfigen und mit Wäldern durchzogenen Grasland schubweise das Wattenmeer, bevor es zu einem vorübergehenden Stillstand des Wasseranstiegs bis in die Jahrhunderte um Christi Geburt kam.

Daß in dieser amphibischen Landschaft in so früher Zeit im Raum von Westerlandföhr bereits Menschen lebten, beweisen ein Flintbeil aus einem Steinkistengrab um 4000 v. Chr. nahe am Utersumer Deich und auch ein sehr gut erhaltener graubrauner Feuersteindolch, der 1987 von einem fünfjährigen Jungen an der Abbruchkante des Hedehusumer Strandes gefunden wurde.

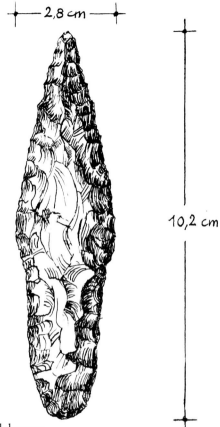

Abb. 1 Feuersteindolch von Hedehusum

Eine geschlossene Besiedlung erfolgte aber erst später, etwa ab 3000 v. Chr., durch Seefahrer aus dem Norden, vermutlich aus Jütland, die damals in diese von Prielen und Wasserläufen durchzogene Landschaft vordrangen. Sie hatten über See Handelsbeziehungen zum westlichen Europa, betrieben aber auch Ackerbau und Haustierzüchtung. Diese Menschen errichteten für ihre Toten mächtige Grabstellen aus großen Steinen und schweren Steinplatten, sog. Ganggräber, in denen vielfach mehrere Beisetzungen stattfanden. Das Baumaterial waren die aus Skandinavien stammenden hier zurückgebliebenen Steinblöcke. Die Grabstätten wurden von außen durch Erde und Soden abgedichtet, mit kleineren Steinen umrandet und mit einem Erdmantel bedeckt, so daß ein meterhoher Hügel entstand. Seine Form war nicht unbedingt rund, sondern oft auch langgestreckt, wobei Längen zwischen 17 m und 127 m gemessen wurden.[1] Wegen solcher riesigen Ausmaße werden diese frühen Grabstellen Riesenbetten genannt. Drei davon befinden sich im äußersten Nordwesten der Feldmark von Hedehusum, dort, wo zwischen 1920 und 1930 Baumanpflanzungen vorgenommen wurden. Sie gehören zu den größten ihrer Art in Europa und haben auch den Menschen früherer Jahrhunderte imponiert, die für diese Grabhügel den ihrer Lage entsprechenden Föhringer Flurnamen *Noorder Bergem* prägten. Leider sind gerade diese drei Gräber schon in früherer Zeit geöffnet und zerstört worden, so daß man ihre Lage gegenwärtig nur noch an größeren Bodenunebenheiten zwischen den Bäumen feststellen kann. Die drei Riesenbetten sind die ältesten Zeugen einer menschlichen Besiedlung im Gebiet von Hedehusum aus einer Zeitepoche, in der die Menschen ihre Werkzeuge und Geräte vorwiegend aus Steinen herstellten und die deshalb Steinzeit genannt wird.

In der sich daran anschließenden vorgeschichtlichen Zeitperiode, in der Bronzezeit (1800–500 v. Chr.), gab es auf der Geest von Westerlandföhr bereits eine größere Bevölkerungsdichte. Darauf verweisen die großen Grabhügel im Südwesten des Dorfes, die alle als Rundkegel errichtet wurden. Es waren ursprünglich 13, heute sind von ihnen noch vier vorhanden. Der Flurname *Waaster Bergem* deutet auch in diesem Fall darauf hin, wie sehr diese hohen Hügel zu Wahrzeichen geworden sind und die Landschaft bestimmten. Die drei nordfriesischen Inseln Föhr, Amrum und Sylt beherbergen übrigens eine so große Zahl solcher mächtiger Grabstellen wie kein anderes Gebiet in Schleswig-Holstein. Wissenschaftler konnten insgesamt 1097 Hünengräber aus der Bronzezeit nachweisen, davon 534 allein auf Föhr.[2]

Die Grabbeigaben in diesen großen Totenhügeln lassen erkennen, daß mit der Bronzezeit eine erste bedeutsame Kulturepoche für die Menschen dieser Region begonnen hatte. Es entwickelten sich Handelsverbindungen nach Dänemark und Schweden, nach Westeuropa und in den Donauraum, sogar bis nach Griechenland. Die Seefahrer und Kaufleute tauschten in den fernen Ländern nicht nur Fertigwaren und Schmuck ein, sie brachten auch das Rohmaterial für das Gießen von Bronze mit, nämlich Kupfer und Zinn sowie Gold für die Eigenherstellung von erlesenem Schmuck. Der hier gefundene Bernstein war im Süden ein begehrtes Handelsgut aus dem Norden und hatte einen

---

[1] Anmerkungen siehe Seite 190.

hohen Tauschwert. Vielfältige kulturelle Anregungen breiteten sich auf diesem Wege aus und lassen sich in eindrucksvollen Funden nachweisen.

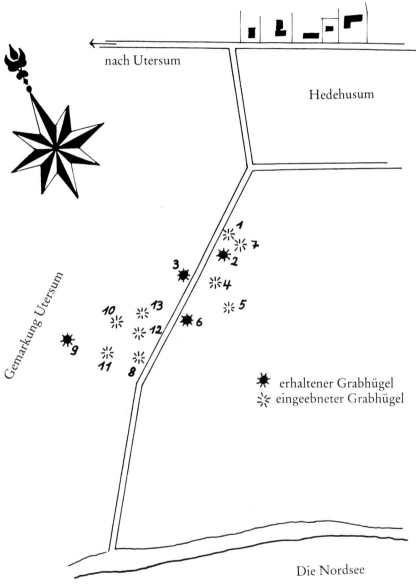

Abb. 2 Die bronzezeitlichen Grabhügel von *Waaster Bergem;* nach Kersten/La Baume

Es scheint sich eine soziale Oberschicht herausgebildet zu haben mit Landbesitz und großen Viehherden. Die Angehörigen dieser Schicht konnten ihren Toten prächtige Waffen, kunstvolle Geräte und stilvollen Schmuck mit ins Grab geben, wie es damals Sitte war. Nur bei den Toten dieser herausgehobenen Familien wurden übrigens die mehrere Meter hohen Grabhügel über der Begräbnisstelle errichtet. In der Regel wählte man für diese Anlage geographisch bevorzugte Stellen in der Landschaft aus, wie dies auch bei *Waaster Bergem* deutlich wird. Die Verstorbenen sollten einerseits weit ins Land hinaussehen können, andererseits sollten die Hügel durch ihre Lage schon von weitem auf sich aufmerksam machen.

In der älteren Bronzezeit wurden die Leichen in Steinkisten, die man aus flachen Steinen aufbaute, und in Bohlen- und Baumsärgen bestattet. Etwa ab 1200 v. Chr. setzte sich dann die Leichenverbrennung durch, wobei der Leichenbrand in einer Urne gesammelt und in einer kleineren Kammer im äußeren Mantel der damals bereits vorhandenen großen Grabhügel eingebettet oder unter der ebenen Erdoberfläche vergraben wurde. Dabei wurden die Grabbeigaben weniger und auch kleiner, weil nur geringerer Raum zur Verfügung stand. Vielfach sind Nadeln, Pinzetten oder Rasiermesser und Schmuck in oder bei den Urnen gefunden worden. Durch letztere Art der Bestattung wird erklärlich, daß die Grabhügel eigentlich regelmäßig mehrere Grabstellen enthalten; denn sie dienten Jahrhunderte hindurch als Ort der Bestattung.

Die bronzezeitlichen Hügel von *Waaster Bergem* auf der Gemarkung von Hedehusum wurden erstmals 1895 und in den Jahren danach durch Grabungen von Hans Philippsen, der von 1893 bis 1906 Lehrer in Utersum war, eingehend untersucht, vermessen und beschrieben. Die dabei gefundenen und sichergestellten Gegenstände befinden sich heute in den Museen in Wyk auf Föhr, Schleswig und Kiel. Durch Johann Braren, Karl Kersten und Peter La Baume wurde Jahrzehnte nach ihrem Auffinden eine genaue wissenschaftliche Zuordnung vorgenommen. Als Beispiele sollen hier zwei Grabungsergebnisse näher beschrieben und dargestellt werden.

Hügel 1 (s. Abb. 2), auf einer Weide gelegen, etwa zwei Meter hoch und acht Meter im Durchmesser, ist heute abgetragen und überpflügt. Er wurde im Jahre 1896 untersucht. Von den durch Philippsen darin festgestellten sechs Gräbern ist eins besonders bemerkenswert. Es bestand aus einer kleinen Kammer unter einer Feldsteinpackung im östlichen Teil des Hügels und enthielt unter einem flachen Deckstein von 70 × 70 cm zwei Urnen mit Leichenbrand.

Jede Urne war mit einem Deckel verschlossen. Die größere, aus

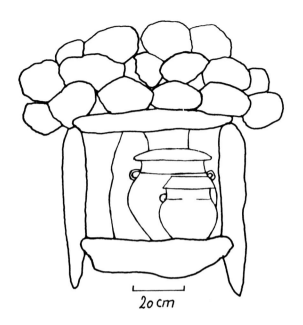

Abb. 3 Urnenkammer in Grabhügel 1; aus Kersten/La Baume

schwarzbraunem Ton gearbeitet, schön geglättet und glänzend, ist 26,5 cm hoch und 29,5 cm breit im weitesten Durchmesser. In ihr fand sich ein Rasiermesser aus Bronze als Beigabe. In der kleineren, 20,5 cm hoch und 18,5 cm breit, aus dunkelbraunem Ton hergestellt und mit ebenfalls geglätteter und polierter Oberfläche, lag zwischen den verbrannten Knochen eine Bronzenadel mit einer Kopfscheibe aus sechs konzentrischen Ringen. „Die Nadel ist 14 cm lang, etwas gebogen und an einzelnen Stellen beinahe noch von Grünspan frei. Vermutlich sind hier

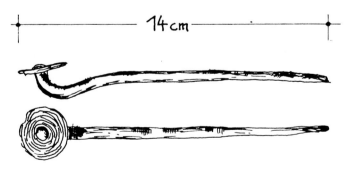

Abb. 4 Bronzenadel aus Grabhügel 1; aus Kersten/La Baume

Mann und Frau bestattet, die größte Urne ... und das (Rasier)messer deuten auf eine höhere Stellung, die kleinere Urne mit der Nadel auf die untergeordnete Stellung der Frau ..."[3] Beide Urnen und ihre Beigaben befinden sich im Friesenmuseum in Wyk auf Föhr.

Im Jahre 1895 begann Philippsen mit Grabungen im Hügel 9 (s. Abb. 2), die er im folgenden Jahr noch fortsetzte. Dieser Grabhügel ist nicht eingeebnet worden, er steht heute unter Denkmalschutz und gehört zu den wenigen noch verbliebenen bronzezeitlichen Zeugen aus der einstmals zahlreicheren Hügelgruppe von *Waaster Bergem*. Philippsen konnte in ihm fünf Gräber freilegen, bei einem wahrscheinlichen sechsten gelang ihm kein sicherer Nachweis.

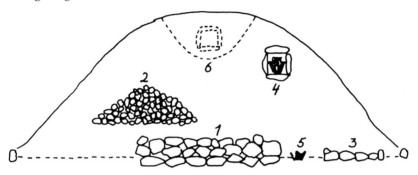

Abb. 5 Gräber in Grabhügel 9; aus Kersten/La Baume

Unter diesen Gräbern war eins, das in einer Länge von etwa drei Metern aus einer Packung kleinerer Steine bestand, unter denen ehemals wohl ein Bohlen- oder Eichensarg gestanden hatte, der zusammengestürzt war (Grab Nr. 2 in Abb. 5). Als Leichenbeigaben konnten ein Ring aus Golddraht, Bruchstücke einer Bronzenadel und ein Bronzedolch mit Teilen der Scheide geborgen werden. Der massive Dolch ist ein besonders prächtiges Stück und zeugt sowohl von dem großen handwerklichen Können der vor Jahrtausenden lebenden Menschen wie auch von ihrem künstlerischen Verständnis. Seine Gesamtlänge beträgt 24,2 cm, der Griff ist 11 cm lang. Die halbringförmigen waagerechten Einschnitte im Griff waren mit dunklem Harz ausgefüllt und erhöhen dadurch den ästhetischen Wert dieses Fundstücks. Die Dolchscheide aus Eichenholz lag in Resten dicht neben dem Dolch, sie war inwendig mit Fell vom Hirsch ausgekleidet. „Eine derartig prächtige Waffe kann man schon als Prunkdolch bezeichnen."[4] Er befindet sich heute ebenfalls in den Sammlungen des Friesenmuseums in Wyk auf Föhr.

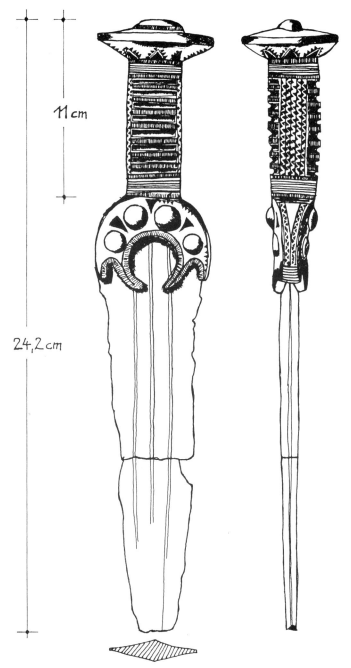

Abb. 6 Bronzedolch aus Grabhügel 9; nach Kersten/La Baume

Im Jahre 1974 wurden am Fuß des Grabhügels durch eine wissenschaftliche Grabung von J. Kühl noch vier rechteckige Kammern in einer Steinsetzung freigelegt, die eine Gesamtausdehnung von etwa 1,20 × 8,20 m hat. Die Grabung wurde vorgenommen, nachdem Lorenz Tönis Rörden, dem der Acker gehört, die Steinsetzung beim Pflügen entdeckt hatte. Anzeichen einer Bestattung oder Beigaben wurden jedoch nicht gefunden. Nach der Untersuchung wurde die Steinsetzung nicht zugeschüttet, sie kann am Nordost-Rand des Grabhügels besichtigt werden.

Um 500 v. Chr. breiteten sich die Kenntnis und die Technik, Eisenerz zu schmelzen und das Eisen durch Schmieden zu bearbeiten und zu formen, in Mittel- und Nordeuropa aus, wodurch die große kulturelle Epoche der Bronzezeit ihr Ende fand und die Eisenzeit begann. Die Bevölkerung in unserem Gebiet stand in den folgenden Jahrhunderten bis Christi Geburt zunehmend in der Auseinandersetzung mit den Naturgewalten der Nordsee, denn der Meeresspiegel stieg nach einer Ruhephase von etwa 1000 Jahren erneut allmählich stetig an, so daß die Grasländereien der weiten Marschen immer mehr vernäßten und versalzten und schließlich mit einer Schlickschicht überdeckt wurden. Bei Sturmflutkatastrophen gab es Verluste an Weideland und Vieh, und auch Siedlungsplätze gingen verloren. Die Landwirtschaft mußte weitgehend auf das höher liegende Geestland zurückgenommen werden, die Viehzucht konnte nicht mehr in dem bisherigen Ausmaß und extensiv betrieben werden. Der Lebensstandard sank, ohnmächtig standen die Menschen dem Andrängen der See gegenüber. Die Bestattungssitten änderten sich dahingehend, daß die Urnen mit dem Leichenbrand nur noch in kleine gegrabene Gruben gesetzt und zugeschüttet wurden, nachdem man sie manchmal noch mit Steinen schützend umgeben hatte. Ein Grabhügel wurde nicht errichtet, es fehlen auch die oft prachtvollen Beigaben wie in der Bronzezeit.

Aus diesen Jahrhunderten vor Christi Geburt gibt es einen Urnenfriedhof zwischen den bronzezeitlichen Grabhügeln 1–4 von *Waaster Bergem*. Dort wurden zwischen 1890 und 1900 beim Pflügen wiederholt Tongefäße zerstört, ihre Scherben aber nicht beachtet. Als man im Jahre 1898 wiederum auf Gefäße stieß, konnte Philippsen insgesamt neun Urnen sicherstellen, untersuchen und ihren unterschiedlichen Erhaltungszustand beschreiben. Die Form dieser Bestattungsgefäße, ihre keramischen Verzierungen und der Inhalt, der neben dem Leichenbrand noch geschmolzenes Glas, oxidierte Eisenstückchen und Bernsteinperlen enthielt, weisen eindeutig in die vorchristliche Eisenzeit. Die Bewohner betrieben damals nach wie vor Viehzucht, erweiterten zusätzlich den Getreideanbau und lebten in zunehmendem Maße vom Meer, das sich im Gezeitenwechsel durch immer zahlreichere Rinnen und durch reißender werdende Priele in die Landschaft vorschob und sie veränderte. Fische und Muscheln gehörten ebenso zur Nahrung wie das Fleisch der Haustiere. Aber auch jagdbare Tiere bereicherten den Speisezettel, wie man durch die Untersuchung einer eisenzeitlichen Kochgrube feststellen konnte. Sie wurde 1986 am Flutsaum von Hedehusum freigespült und enthielt neben Knochen von Pferd, Kuh, Schaf und Ziege auch solche vom Reh. Eingestreut in die flache Marschlandschaft südlich der Insel waren um die Zeitenwende immer noch Waldgebiete, deren Lage heute bei sehr niedriger Ebbe weit draußen im Watt an versunkenen Stubben und ihrem Wurzelwerk festgestellt werden kann.

So gut die Landschaftsformen, die Besiedlungsstätten, die Handelsverbindungen und Lebensformen jener frühen Zeiten untersucht und bekannt sind, so wenig sicher sind die Aussagen darüber, welchem germanischen Volksstamm die Menschen in dem langen Zeitraum von der Bronzezeit bis in die ersten Jahrhunderte unserer Zeitrechnung angehörten. Die Aufzeichnungen römischer Geschichtsschreiber über dies Gebiet sind nicht genau genug, außerdem konnten ihre Angaben durch archäologische Funde nicht belegt werden. Auf jeden Fall lebten hier damals noch keine Friesen, man nimmt vielmehr an, daß es sich um Sachsen oder einen mit ihnen verwandten Stamm gehandelt hat.

Ebenfalls ist von den Wissenschaftlern die Tatsache noch ungeklärt, weshalb zwischen 400 und 500 n. Chr. die Siedlungsplätze verlassen wurden und folglich keine Urnenfriedhöfe mehr nachweisbar sind. Manche vermuten, daß durch das Vordringen der Nordsee der Lebensraum schließlich zu sehr eingeschränkt wurde, so daß der größte Teil der Bevölkerung mit den Angeln, Sachsen und Jüten auf den Zug nach England ging und dort neue Siedlungsräume fand. In dieser Zeit der Völkerwanderung waren übrigens auch in anderen Teilen Europas mehrere Völkerstämme in langen Wanderungsbewegungen auf der Suche nach neuen Lebensmöglichkeiten.

Etwa 250 Jahre lang lassen sich kaum Besiedlungsspuren nachweisen, bevor im 8. Jahrhundert wiederum Menschen in diesen Raum vordrangen, vorwiegend von der südlichen Nordseeküste aus dem Gebiet zwischen Weser- und Rheinmündung, wo damals die dort lebenden Friesen möglicherweise wegen kriegerischer Auseinandersetzungen mit den Franken und durch Landverluste an der Küste nach neuen Wohngebieten suchten. Einige Funde aus jener Zeit weisen auch nach Norden, so daß man anfangs wohl von einer Mischbevölkerung auszugehen hat. Die Wohnplätze der Neusiedler stimmten nicht unbedingt mit denen der früheren Bewohner aus der Eisenzeit überein, sie wurden in der inzwischen veränderten Landschaft nach anderen Gesichtspunkten angelegt.

Vieles spricht dafür (Münzfunde, fränkische Tonware), daß es vor allem friesische Seefahrer und Kaufleute waren, die auf dem alten Süd-Nord-Handelsweg über See auf die Nordfriesischen Inseln kamen und die Neusiedler nach sich zogen. Vom 8. Jahrhundert an können also ständig Friesen als Bewohner des Gebietes der heutigen Insel Föhr angenommen werden, und viele der von ihnen damals gegründeten Siedlungsplätze dürften kontinuierlich bis in die Gegenwart fortbestanden haben. Dies scheint die Ortsnamenbildung zu bestätigen, denn der erste Teil etlicher Ortsnamen auf Föhr weist auf einen Personennamen hin (z. B. Hedehusum, Boldixum etc.), wie es ähnliche Bildungen auch an der südlichen Nordseeküste gibt, dem Herkunftsgebiet der Friesen, während sie auf dem schleswig-holsteinischen Festland und im dänischen Sprachraum anders hergeleitet werden. Schriftlich erwähnt werden die Friesen als Bewohner der Westküste allerdings erst viel später, und zwar von Saxo Grammaticus (etwa 1150–1220), dem dänischen Chronisten des Bischofs Absalon von Lund.

Auch aus dieser Zeit zwischen 700 und 900 n. Chr. gibt es auf der Gemarkung von Hedehusum beim Wasserwerk ein ausgedehntes Gräberfeld, auf dem im Jahre 1936 noch 63 Grabhügel gezählt wurden. Die meisten davon sind inzwischen eingeebnet worden, nur 10 von ihnen blieben erhalten. Sie haben längst nicht die Höhe und das Ausmaß der Hügel aus der Bronzezeit. Bei diesen Grabstellen handelt es sich um Einzelgräber mit je einer Urne als Inhalt. Die Beigaben zu dem Leichenbrand lassen wieder ziemlich genaue Schlüsse auf die Bevölkerungszusammensetzung und die damalige Lebensweise der Menschen zu. Deutlich kann man Männer- und Frauengräber unterscheiden. Bei den Männern finden sich z. B. Lanzenspitzen, Dolche, Steigbügel und Schildbuckel, bei den Frauen Spangen, Kämme, Schmucknadeln und Schlüssel.

Systematische Untersuchungen dieser Grabfunde erbrachten ebenfalls den Beweis, daß die meisten beigesetzten Toten aus einem westgermanischen, also friesischen, Siedlungsgebiet stammten. Einige Funde allerdings, wie z. B. nordische Schalenspangen und Armringe, weisen auf die zu den Nordgermanen gehörenden Wikinger hin.[5] Das rasche Anwachsen der Bevölkerung im 9. Jahrhundert ist also nicht nur zurückzuführen auf die Zunahme der Handelsverbindungen im Nordseebereich, sondern vor allem auf den Zustrom von Neusiedlern sowohl

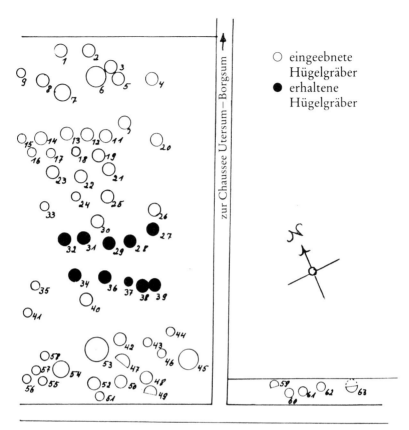

Abb. 7 Gräberfeld beim Wasserwerk; nach La Baume

aus dem Gebiet zwischen Weser- und Rheinmündung als auch aus Skandinavien.

Die Wikinger, auch Normannen genannt, die ursprünglich in Norwegen, Schweden und Dänemark beheimatet waren, breiteten sich zwischen dem 8. und 11. Jahrhundert in kühnen Fahrten über See an den Küsten Europas aus. Mit ihren Schiffen sind sie auf den weit ins Landesinnere führenden Prielen auch in unseren Raum vorgestoßen und haben hier an mehreren Stellen Stützpunkte errichtet. Ein solcher von Süden nach Norden verlaufender Priel erweiterte sich damals im Bereich der heutigen Godelniederung zu einem durch ringsum ansteigendes Gelände geschützten Becken und wurde dadurch zu einem natürlichen Hafen für die seebefahrenen Männer aus dem Norden. Die vorgefundene friesische Bevölkerung wurde nicht vertrieben, wie sich aus den Grabfunden ablesen läßt, so daß rund um das ausgedehnte Hafenbecken, denkbar in Goting, Witsum und Hedehusum, Friesen und Wikinger nebeneinander bzw. miteinander lebten.

Die Wagemutigen unter den Friesen haben die Wikinger vielleicht begleitet auf ihren Kriegszügen über die Nordsee nach England und zurück. Ein bei Utersum gefundener Münzschatz mit Münzen angelsächsischer Prägung aus der Zeit zwischen 990 und 1020 n. Chr.[6] weist hin auf eine solche Verbindung zwischen Föhr und England durch die Wikinger. Diese archäologischen Deutungen und Erkenntnisse finden eine weitere Bestätigung in den Flurnamen. Mit *Wikingerhafen* bezeichnet man immer noch die heute vollständig versandete und verschlickte Godelniederung, und *Nordmannsgrund* heißt die seewärts davor liegende weite Wattfläche.

Deutung des Ortsnamens

Wie im vorigen Kapitel über die Vor- und Frühgeschichte unseres Siedlungsraumes nachgewiesen wurde, lebten hier Menschen seit mehr als 5000 Jahren. Der Name des Dorfes weist jedoch nicht in diese frühe Zeit zurück; denn kein Teil des Wortes Hedehusum läßt eine sprachliche Ableitung zu, die auf eine germanische und damit vorfriesische Bevölkerung hindeutet.

Am weitesten verbreitet und auf Föhr allgemein üblich ist die Erklärung des Namens, wie sie Nerong am Anfang unseres Jahrhunderts vornahm. Er wies auf die ausgedehnten Heideflächen hin, die damals noch allseitig das Dorf umgaben, und war der Ansicht, daß es „daher auf deutsch ‚Heidehäuser' heißen"[7] müsse. Diese Deutung ist jedoch unzutreffend, wenn man der neueren wissenschaftlichen Ortsnamenkunde folgt. Sie geht davon aus, daß die meisten Ortsnamen auf Föhr ihre sprachlichen Wurzeln im Friesischen haben müssen, weil im 8. und 9. Jahrhundert friesische Neusiedler in diesen damals nur spärlich von Menschen bewohnten Küstenstreifen vordrangen, sich hier niederließen und Ortschaften gründeten. Das friesische Wort für Heidekraut ist im übrigen *hias* und ist im Ortsnamen nicht enthalten. Nun gibt der erste Teil der friesischen Ortsbezeichnungen auf Föhr in vielen Fällen einen Hinweis auf einen Personennamen, während der zweite Teil eine Deutung auf -heim zuläßt. Volkert Faltings, der sich dabei auf Laur und Århammar stützt, kommt dementsprechend bei Hedehusum zu folgender Erklärung:

Hedding bzw. *Hedde* = (wahrscheinl.) männl. Personenname, heute noch in West- und Ostfriesland gebräuchlich
-hußen od. *-husum* = Dativ plur. zu *hus* (fö. = *hüs*, dt. = *Haus*) = bei den Häusern

Hedehusum läßt sich also deuten als „bei den Häusern des Hedde (oder Hedding)" und steht damit in einer Reihe mit anderen Ortsnamen auf Föhr, wie z. B. Utersum, bei dem der Personenname *Utter* bzw. *Otter* zur Ortsnamengebung führte.

Schriftlich erwähnt wird Hedehusum erstmals in der sog. Bischofsliste von 1462 (Liber censualis episcopi Sleswicensis), einer Besteuerungsliste des damaligen Bischofs Nicolaus zu Schleswig, in der die Schreibweise des Dorfnamens „Heddinghußen" ist. In späteren Schriftstücken, in Registern, Protokollen und Urkunden findet man auch Heydinchusen (1509), HeddeHusum (1635), Heddehusem (1662) und Heddehüsum (1785).

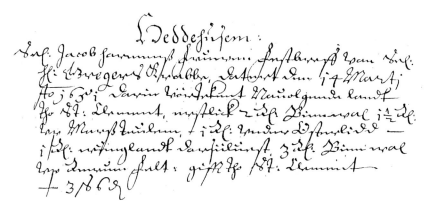

Abb. 8 aus „Vör Teckening Der Festeländerie Up Wester Landt Föhr und Amrum, Den 23 October 1662", Schackenborgisches Archiv (Landsarkivet Åbenrå)

Wenn Hedehusum im Jahre 1462 zusammen mit den anderen seinerzeit bestehenden Föhringer Ortschaften in der oben genannten Bischofsliste erwähnt wird, bedeutet dies nicht, daß der Ort damals gegründet wurde, sondern vielmehr, daß er in jener Zeit bereits eine kommunale Gemeinschaft war, die Steuern zahlen mußte. Eine noch frühere schriftliche Erwähnung des Dorfes ist nicht bekannt, so daß eine weiter zurückreichende genaue Altersbestimmung nicht möglich ist.

Die Zeit des Salzsiedens

Schon um 1180 berichtet der bereits erwähnte Saxo Grammaticus von der Salzgewinnung in Friesland, indem er dazu im 14. Buch seiner geschichtlichen Aufzeichnungen den Hinweis gibt: „Torrefacta in salem gleba decoquitur" (übersetzt: Aus getrockneter Erde wird Salz gekocht). Die große Bedeutung dieser friesischen Salzsiederei wird dadurch ersichtlich, daß die „Brennstellen", die zur Salzgewinnung dienten, als Steuerquellen herangezogen wurden. Im Erdbuch König Waldemars II. von 1231 ist, wieder übersetzt, zu lesen: „Item die ganzen Steuern in Friesland gehören zum König. Item von vier Brennstellen gehören drei zum König und die vierte zum Herzog." Die Festsetzung der keineswegs geringen Salzsteuer auch im Zinsbuch des Bischofs zu Schleswig aus dem Jahre 1462 für die Gemeinden auf dem friesischen Festland unterstreicht ebenfalls die wirtschaftliche Bedeutung der Salzsiederei. So dürfte diese Erwerbsquelle für die nordfriesische Küstenregion mehrere Jahrhunderte hindurch sehr wichtig gewesen sein, bevor sie durch einen Erlaß des Staatsministers Goertz in Kopenhagen am Ende des 18. Jahrhunderts zugunsten des Lüneburger Salzes schließlich versiegte.

Über die Güte des friesischen Salzes wird in alten Berichten unterschiedlich geurteilt. Manche bezeichnen es als weiß und feinkörnig, andere verwerfen es und lassen es nur für den täglichen Gebrauch zu, nicht aber für das Pökeln von Fleisch und das Haltbarmachen von Butter. Solche Vergleiche waren aber erst möglich, als das Lüneburger Steinsalz in der hiesigen Region in den Handel kam und anfangs viel teurer als das friesische bezahlt werden mußte. Übereinstimmend wird der bittere Beigeschmack des friesischen Salzes bemängelt, der vom Magnesiumgehalt des Bittersalzes ($MgCl_2$) im Meerwasser herrührt.

Salz war im Mittelalter das wichtigste Handelsgut. Die Einfuhr von Speisesalz nach Dänemark umfaßte im 15. Jahrhundert 24 % – 31 % des gesamten Imports aller Handelsgüter! Als in diesem Zusammenhang im Jahre 1398 der Stecknitz-Delvenau-Kanal fertiggestellt war, wurde er Europas wichtigste künstliche Wasserstraße für die folgenden 300 Jahre, denn auf ihm konnte das Lüneburger Salz in alle Häfen zwischen Rotterdam und Reval transportiert werden.[8] Auf den Märkten wurde außerdem Salz aus Spanien, Portugal und Frankreich gehandelt. Fraglos hatte das friesische Salz im skandinavischen Raum eine besondere Bedeutung und nahm die erste Stelle ein, bevor das kostbare Handelsgut dort aus anderen Ländern in ausreichender Menge angeboten werden konnte.

Um zu verstehen, wodurch und in welcher Weise die Salzgewinnung in unserer Küstenlandschaft zu einem so gewichtigen und auch gewinnbringenden Erwerbszweig werden konnte, ist wiederum ein Rückblick in die erdgeschichtliche Entwicklung vor der Zeitenwende notwendig. Um 2000 v. Chr. breiteten sich im Süden und Westen der hohen Geestkerne von Föhr, Amrum und Sylt weite Marschebenen aus. In dieser Graslandschaft waren Gehölze, Wälder und Sumpfgebiete mit breiten Schilfgürteln zahlreich vorhanden. Letztere verlandeten allmählich und entwickelten sich zu ausgedehnten Torfmooren. Im Verlauf von etwa 1000 Jahren wuchsen Torfschichten bis zu einer Mächtigkeit von 9 Metern heran, wie man durch Bohrungen in der Föhrer Marsch feststellen konnte. Solche Ablagerungen können nur Torfmoose und Süßwasserpflanzen über Grundwasser bilden, das Meer hatte in jener Zeit also keinen Zugriff zu diesem Gebiet.

Wie aber schon im Kapitel über die Vor- und Frühgeschichte gesagt, begann um Christi Geburt erneut ein Ansteigen des Meeresspiegels, so daß sehr bald weite Teile der bisher trocken liegenden moorigen Grasländereien bei Flut überspült und mit Salzwasser durchtränkt wurden. Weiterhin wurden Sand- und Schlickablagerungen über die faserigen und weitporigen Torfschichten geschoben, so daß sie schließlich unter deren Gewicht bis auf ein Drittel oder ein Viertel ihres ursprünglichen Volumens zusammengepreßt wurden. An vielen Stellen führten diese Vorgänge sogar zu einer Art Landsenkung um einen oder mehrere Meter.

Daß die Menschen um Christi Geburt auf diese Naturkatastrophen mit Abwanderung reagierten, ist verständlich. Dennoch sollten gerade diese geophysikalischen Zusammenhänge zur Basis jenes Erwerbszweiges werden, von dem hier gesprochen wird. Das Rohmaterial dazu war eben jener mit Salz angereicherte Torf, der nunmehr unter den Meeresablagerungen des Wattenmeeres verborgen lag.

Von diesem Torf müssen die Menschen, die trotz der Flutkatastrophen und des rauhen Klimas ihren Lebensraum nicht verließen, schon früh gewußt und profitiert haben. Sie nutzten ihn allerdings lediglich als Brennmaterial, wo es an Holz mangelte. Ein entsprechender Hinweis findet sich um 50 n. Chr. bei dem römischen Gelehrten Plinius d. Ä. im 16. Buch seiner insgesamt 37 Bände umfassenden „Historia naturalis", wo er über die an der Ems- und Wesermündung lebenden Chauken schreibt (deutsch übersetzt): „Ihr Los ist, kein Vieh zu besitzen, sich nicht von Milch zu nähren, nicht einmal mit wilden Tieren zu kämpfen, da Strauchwerk erst weit von ihnen vorkommt. Aus Schilf und Binsen flechten sie sich Netzgarn. Sie trocknen mit den Händen aufgenommene Erde mehr durch den Wind als durch die Sonne, und mit dieser Erde kochen sie ihre Nahrung und wärmen die vom Nordwind ausgekühlten (erstarrten) Eingeweide. Es gibt kein anderes Getränk als Regenwasser, das im Innern des Hauses in Gruben aufbewahrt wird."

Wenn Haeberlin[9] diese „Erde" als Torf interpretiert, ist das aus der Textstelle logisch gefolgert. Daß die Asche einen hohen Salzgehalt hatte, dürfte schon damals aus der täglichen Erfahrung bekannt gewesen sein. Wann man aber dazu überging, aus der Asche Salz zu gewinnen, ist nicht überliefert. Gleichwohl begann mit dieser Erkenntnis und einer entsprechenden Produktionsmethode in dieser Region eine lange anhaltende Epoche wirtschaftlicher Aktivitäten über einen Zeitraum von insgesamt 600 bis 700 Jahren. Sie hat mit Sicherheit dazu beigetragen, die in den ersten Jahrhunderten nach Christi von den Bewohnern verlassenen Gebiete an der Westküste der Cimbrischen Halbinsel für Neusiedler wieder attraktiv zu machen, denn der alte Handelsweg aus dem Weser-Ems-Elbe-Raum nach Skandinavien war geradezu ideal für den Transport dieses in der damaligen Zeit unentbehrlichen Konservierungsmittels für Fische, Fleisch, Butter und andere Nahrungsmittel.

Das Abbauverfahren des Seetorfs als Rohmaterial zur Salzgewinnung war unterschiedlich. Die Methode in den festländischen Marschen war anders als unmittelbar an der Küste oder auf den Inseln, wo der Torf direkt aus dem vom Meer überspülten Watt geholt wurde. Auf Föhr lag der Schwerpunkt der Salzproduktion offensichtlich auf den sich nach Süden ausdehnenden Wattflächen. Diese wurden durch mehrere Priele zergliedert, von denen ein Meeresarm auf die Insel zuführte und sich im Bereich der heutigen Godelniederung verbreitete. Die damaligen Bewohner von Hedehusum waren ohne Frage an der Salzgewinnung und dem damit verbundenen Handel beteiligt.

Der Seetorf konnte nur zur Ebbezeit gestochen werden, nachdem der darüberliegende Schlick abgegraben war. Für diese Arbeit standen höchstens vier bis sechs Stunden zur Verfügung, bevor die Entnahmestelle durch die zurückkehrende Flut wieder unter Wasser gesetzt wurde. Mit Pferdegespannen oder in Schuten brachte man den Torf ans Ufer, wo er am Strand zum Trocknen durch Sonne und Wind ausgebreitet wurde. Den getrockneten Torf verbrannte man dann in kleineren Haufen, wobei ein stark ätzender und übelriechender Rauch entstand. Die zunächst hellgraue und salzhaltige Asche trug man zusammen und formte daraus nahe den aus Balken und Brettern erbauten Salzkaten einen festen Haufen, indem man solange Salzwasser über die Asche goß, bis eine teigige Masse entstanden war, die sich wie Lehm formen und bearbeiten ließ. Die Asche verfärbte sich dabei, wurde immer dunkler und sah zuletzt schwarz aus. Vom Frühjahr bis zum Sommer wurde täglich im Watt und am Ufer gearbeitet, so daß der dunkle Salzaschenhaufen von Tag zu Tag an Volumen zunahm.

Um Jacobi (25. Juli) jeden Jahres begann dann das Salzsieden in den Salzkaten. Hierbei füllte man jeweils einen kleinen Teil der gesammelten Asche in eine nach unten konisch zulaufende Holzbalje, in der auf einem Holzgitter ein Sieb aus Stroh und Sand hergerichtet war. Danach goß man über die Asche erneut Seewasser, das jetzt beim Durchsickern die Salzkristalle in der Asche löste und dadurch zu einer starken Sole, einer im chemischen Sinne gesättigten Lösung, angereichert wurde. Sie wurde in große, flache eiserne Pfannen oder Kessel geleitet und über offenem Feuer zu Salz eingedampft. Als Brennmaterial diente Binnenlandtorf, der aus Jütland eingeführt wurde. Salzhaltiger Seetorf war dazu nicht geeignet, weil bei der Verbrennung auf chemischem Wege Natronlauge und Salzsäure entstehen, die im Rauch ätzend und zersetzend auf die eisernen Sudgefäße gewirkt haben würden. Bei diesem Verfahren des Salzsiedens konnte folgender Ertrag erzielt werden, wie einem Bericht aus dem Jahre 1759 zu entnehmen ist:[10]

32 Lot Salztorf = 8 Lot Asche = 3½ Lot Küchensalz
Auf heutige Maßeinheiten bezogen, würde die Ertragsrechnung lauten:
1 kg Salztorf = 250 g Asche = 110 g Küchensalz

Das friesische Salz kam in Holztonnen zu 140 kg auf den Markt, in 24 Stunden konnten 1–1½ Tonnen trockenes Salz zweimal aus jedem Kessel gewonnen werden. Beim Sieden wurde Tag und Nacht gearbeitet, denn rechtzeitig zum Herbstmarkt am 8. September sollte die Ware in Ribe zum Verkauf kommen, wohin es auf dem Seewege gebracht wurde. Diese Stadt scheint der Hauptumschlagplatz für das in Nordfriesland erzeugte Salz gewesen zu sein, im Jahre 1630 wurden dort z. B. 6864 Tonnen Salz gelöscht, das sind etwa 20 000 Zentner, die dann als „Riber Salz" in den Handel kamen.

Bemerkenswert ist, daß es über die Salzgewinnung auf Föhr kaum schriftliche Hinweise aus früheren Aufzeichnungen gibt. In den Schlesw.-Holst. Anzeigen von 1759 berichtet ein Augenzeuge[11], daß die Einwohner Föhrs das Torfgraben erst nach der Saatzeit begannen. „Gemeiniglich vereinbaren sich 4 Familien, fahren den Torf mit 4 Pferden zu Lande und theilen ihn unter sich ... Die Arbeit selbst, welche ich angesehen, ist sehr schmutzig, sehr beschwerlich für Menschen und Pferde, und nicht ohne Lebensgefahr, wenn die Gruben einstürzen."
Und in den Schleswig-Holsteinischen Provinzialberichten von 1825

Abb. 9 Karte zur Salzgewinnung in Nordfriesland (1460–1780); aus Haeberlin

kann man lesen: „Salz ist seit 50 bis 70 Jahren nicht bereitet worden. In den Jahren 1770 bis 80 stand am Ufer in der Nähe des Dorfes Hedehusum noch ein Haus, in dem die Salzbereitung betrieben wurde und wurde bewohnt von der Familie, die noch Salz verfertigt hatte."[12]

Die Hedehusumer haben das Salzsieden also betrieben, die wirtschaftliche Blüte dieses Erwerbszweiges und eine entsprechende Auswirkung auf das Dorf muß jedoch mehrere Jahrhunderte zurückliegen, also weit vor der Walfangzeit gewesen sein. Es ist auch zu bedenken, daß durch schwere Sturmfluten, besonders die von 1362, bis zu zwei Meter hohe Schlickablagerungen über dem Seetorfgebiet im *Nordmannsgrund* erfolgten, so daß es immer mühsamer wurde, während der Ebbezeit noch ausreichende Torfmengen aus dem Watt zu holen.

Oftmals bringen erhalten gebliebene Flurnamen noch Hinweise auf Vorgänge und Zusammenhänge längst vergangener Zeiten, wie dies an vielen Stellen des nordfriesischen Festlandes mit Flurbezeichnungen ist, die sich auf die Salzgewinnung beziehen, z.B. bei Fahretoft oder Emmelsbüll. Auf Föhr sind solche Bezeichnungen aus zwei Gründen verlorengegangen. Zum einen liegt die hohe Zeit des Salzsiedens, wenn es sie denn gegeben hat, zu lange zurück. Vor allem die 150 Jahre der Walfangzeit zwischen 1650 und 1800 sind als wichtige Epoche anzusehen, die mit ihren Ereignissen dafür sorgte, vergangene Zeiten zu verdrängen und zu vergessen. Zum anderen aber ist das Gebiet, in dem die Salzkaten standen, längst von der Nordsee verschlungen worden. Damit wurden auch die Flurnamen überflüssig und fielen der Vergessenheit anheim.

In Hedehusum gibt es davon noch eine einzige Ausnahme. Lorenz Tönis Rörden (geb. 1905) erinnert sich aus seiner Kindheit an den winkligen Wallrest einer Grundstückseinfriedigung, südlich der gegenwärtigen Hochwasser-Flutkante im Watt gelegen, damals aber noch trockenes Land im Süden von der Flur *Blöögem* (s. Abb. 19). Der Wall war hoch genug, ihnen als Kindern Schutz zu geben vor stürmischen Windböen, wie Tönis berichtet. Die Bezeichnung dieses Flurstücks war *Saaltnemsguard* und weist eindeutig auf die Zeit der Salzgewinnung zurück. Mit größter Wahrscheinlichkeit handelte es sich bei dem Wall um die Grundstückseinfriedigung des in den Schleswig-Holsteinischen Provinzialberichten von 1825 erwähnten Hauses von Salzsiedern.

Im alten Dorfprotokoll von Hedehusum gibt es zu diesem Haus noch mehrere schriftliche Hinweise, und zwar insgesamt neun Eintragungen in den Jahren von 1845 bis 1854. Bei der damals jährlichen Verpachtung der dörflichen Wege gegen Entgelt findet sich in der Aufstellung über die Kosten der verschiedenen Abschnitte stets auch aufgelistet: „Da bewesten bis das Salzhaus ..." (d.h. westlich davon bis zum Salzhaus). Heute ist die Bezeichnung dieses ehemaligen Flurstücks den Bewohnern von Hedehusum nicht mehr geläufig.

Vergessen haben die Föhringer aber keineswegs, daß es in Zeiten der Not auch heute noch möglich ist, im Watt und in der Marsch an Torf heranzukommen, um diesen zumindest als Brennmaterial zu nutzen. In den Jahren nach dem letzten Krieg ist davon vielfach Gebrauch gemacht worden. Und von den versunkenen Torfmooren kann man nach winterlichem Eisgang oder stürmischem Wetter am Flutsaum oft genug aus dem Untergrund gerissene Stücke von Seetorf finden.

Heringsfischerei und Walfang

Im ausgehenden Mittelalter bestimmte die fortwährende Auseinandersetzung mit dem Meer das Leben der Nordfriesen und war durch große Menschen- und Landverluste gekennzeichnet. Die verheerende Rungholtflut von 1362 ist ein beredtes Zeugnis dafür. Weitere Sturmfluten setzten im folgenden Jahrhundert in den Jahren 1412, 1426, 1436, 1471, 1479 und 1483 ihr zerstörerisches Werk fort, bevor die Küsten- und Inselbewohner lernten, sich durch den Bau von immer stärkeren Deichen einen gewissen Schutz zu verschaffen. Dies war jedoch nur die eine Seite der jahrhundertelangen Auseinandersetzung, die andere, viel bedeutsamere war, daß die Friesen in ihrem Kampf gegen das Meer gleichzeitig ihre Zuwendung zu ihm fanden. Immer wieder trieb es sie hinaus auf die See zu wagemutigen Fahrten, um dort die eigenen Kräfte zu messen und erfolgreich zurückzukehren. Die Geschichte der Föhringer Friesen ist deshalb weitgehend eine Seefahrergeschichte. Sie zogen auch unmittelbaren Nutzen aus dem Meer. Zwischen 1400 und 1600 beteiligten sie sich in großem Umfang am Heringsfang bei Helgoland. Riesige Heringsschwärme aus dem Nordatlantik laichten damals auf der Doggerbank und in dem umliegenden Seegebiet. Seitdem Willem Beukelsz († 1397) aus Flandern die Erfahrung und Erfindung gemacht hatte, daß Heringe in einer Salzlake haltbar gemacht werden können und dabei zusätzlich einen typischen Wohlgeschmack annehmen, waren Heringe zu einem begehrten Nahrungsmittel und Handelsgut geworden. Von dem Personennamen Beukelsz ist übrigens der Begriff Pökeln abgeleitet worden. Im Jahre 1520 waren bei Helgoland mehr als 2300 Männer ausschließlich in der Heringsfischerei beschäftigt, die dort aus dem Nordseeküstenbereich zwischen Esbjerg im Norden und dem Ijsselmeer im Süden zusammengeströmt waren.[13] Diese Heringsfischer wohnten in eigens zu diesem Zweck errichteten Buden auf Helgoland, in denen sie auch ihr Fanggerät unterbrachten, und wurden verpflegt in Gaststätten, die in der Regel von Hamburger Gastwirten und Gastwirtinnen betrieben wurden. Die offenen Fischerboote, die durch Rudern und Segel bewegt und gesteuert wurden, eigneten sich nämlich nicht für einen Aufenthalt an Bord über mehrere Wochen.

Mit größter Wahrscheinlichkeit beteiligten sich Männer aus Hedehusum an der Heringsfischerei bei Helgoland, auch wenn dies dokumentarisch nicht belegt werden kann. Die Arbeit auf See war für viele sicherlich erstrebenswerter als die anstrengende und mühevolle Salzsiederei und wohl auch einträglicher. Aus dem ehemaligen Hafen der Wikinger gab es über den *Nordmannsgrund* eine direkte Verbindung zur offenen See, so daß die Insel Helgoland mit Segelbooten in einer Tagesreise erreicht werden konnte. Die Zurückbleibenden waren auf diesem Wege zudem in der Lage, ihren Fischfang aus den heimischen Gewässern vor Amrum und Sylt schnell zu Hause anzulanden. Das zur Konservierung der Heringe und des Beifangs (Kabeljau, Schellfisch, Scholle) für die eigene Ernährung benötigte Salz wurde im Dorf produziert, eine ideale Kombination.

Der Heringsfang als Erwerbstätigkeit, die Salzsiederei und der Handel über See dürften mit der Zeit die Quelle für gute Lebensmöglichkeiten auf Föhr geworden sein. Dies lassen die schon erwähnten Steuerlisten des Bischofs zu Schleswig von 1462 wie auch die von 1509 deutlich erkennen, wenn man dort das zu zahlende jährliche Kirchgeld (lat. Cathedraticum) der drei Inselgemeinden z. B. mit dem von Eiderstedt vergleicht. St. Laurentii und St. Nicolai wurden doppelt so hoch veranlagt wie die meisten der entsprechenden Festlandsgemeinden, St. Johannis sogar in vierfacher Höhe.[14] Dieser Vergleich der zu zahlenden Abgaben erhellt zwar nicht die Einzelheiten der Zusammenhänge, läßt aber doch gewisse Rückschlüsse auf die Vermögensverhältnisse der Gemeindemitglieder zu, und die scheinen damals auf Föhr besser als in Eiderstedt gewesen zu sein.

Gegen Ende des 16. Jahrhunderts wurden die Erträge der Heringsfischer zunehmend geringer. Die großen Fischschwärme verließen ihre Laichplätze in der Nordsee und zogen in norwegische Küstengewässer, wo sie heute noch anzutreffen sind. Es erfolgte ein allgemeiner Niedergang der Heringsfischerei, so daß die Friesen der Uthlande in ihren Aktivitäten und Erwerbsmöglichkeiten eine Generation hindurch nur auf ihre Inseln und die Handelsfahrt beschränkt blieben.

Während dieser Zeit hatte der Holländer Willem Barents auf seiner Suche nach der Nordostpassage eines Seeweges nach Indien im Jahre 1596 Spitzbergen entdeckt, und 1607 brachte der Engländer Henry Hudson von seiner Reise in dieselben Gewässer die Nachricht mit, daß bei Spitzbergen Wale und Robben in unvorstellbaren Mengen vorhanden seien. Den Speck dieser Meeressäuger benötigte man zur Herstellung von Tran, der damals als Brennstoff für die Lampen diente und für den ein unermeßlicher Bedarf bestand. Auf die Nachricht von dem großen Walvorkommen sandten englische Reeder im Jahre 1612 ihre ersten Fangschiffe in die arktische Region, denen schon ein Jahr später niederländische Schiffe folgten.

Die niederländischen Reeder fanden allerdings nicht genügend Männer im eigenen Lande für diese harte Erwerbstätigkeit im Eismeer, aber es gelang ihnen, die im atlantischen Walfang erfahrenen Basken, damals unter französischer Herrschaft lebend, für sich zu gewinnen. Zwanzig Jahre lang nahm niemand Anstoß an diesen Dienstverhältnissen, bis schließlich doch der mächtigste französische Minister, Herzog de Richelieu, seinen baskischen Untertanen im Jahre 1633 aus politischen Rivalitätsgründen solche Dienste auf fremden Walfängern untersagte. An ihre Stelle konnten nun die nicht minder mit der Seefahrt und dem Meer vertrauten Nordfriesen der Inseln und Halligen treten, wodurch für diese Region eine fast 200 Jahre andauernde Zeit des wirtschaftlichen Wohlstands begann.

Der Zeitpunkt des Berufsverbots für die Basken fiel zufällig zusammen mit der großen Flut von 1634, in der Alt-Nordstrand unterging und auch andernorts schwere Schäden entstanden waren, so daß in vielen Familien Not und Bedürftigkeit herrschten. Um so bereitwilliger folgten die Männer von Föhr, Amrum, Sylt und den Halligen dem Ruf der Reeder aus den Niederlanden und später auch aus anderen Staaten und ließen sich anheuern. 40 Jahre später, um 1670, sollen 3000 bis 4000 Insel- und Halligfriesen als Walfänger in arktischen Gewässern unterwegs gewesen sein, d.h. also die gesamte seetüchtige männliche Bevölkerung dieser Region. Im Eismeer wurde hauptsächlich nördlich des 70. Breitenkreises zwischen der Insel Jan Mayen und Spitzbergen gejagt, also östlich von Grönland, später auch westlich von Grönland in der Davisstraße.

Die Föhringer Walfänger verließen ihre Insel jedes Jahr im frühen Frühjahr für die Sommermonate, und zwar in Abhängigkeit von der Wetterlage zwischen Januar und März. In Amsterdam und Hamburg, in Altona und Glückstadt, in London und Kopenhagen gingen sie an Bord der bereitliegenden Fangschiffe. Im März 1777 segelten im Laufe eines einzigen Tages 13 Schmacken, so nannte man die Transportschiffe zwischen den Nordfriesischen Inseln und den großen Nordseehäfen, mit etwa 1000 Seefahrern von Föhr. Je 50 bis 100 Männer, selten mehr, wurden an Bord der kleinen Schiffe auf engstem Raum zusammengepfercht. Niemand ahnte an jenem Tage, daß 19 der abfahrenden Seeleute ihre Heimatinsel nicht wiedersehen würden, davon allein 13 aus der Kirchgemeinde St. Laurentii. Aus Hedehusum war der 44jährige Rörd Hayen darunter, ein Vater von sechs Kindern, dessen Familie durch seinen Seemannstod in Trauer und wirtschaftliche Bedrängnis geraten sollte.

In einer Seefahrerliste aus dem Jahre 1757 sind aus der Kirchengemeinde St. Laurentii, die damals insgesamt etwa 1480 Seelen umfaßte[15], 437 Namen als Seefahrer verzeichnet. Nahezu ein Drittel aller Gemeindemitglieder ging also während des Sommers, getrennt von den Angehörigen, einer harten und gefahrvollen Erwerbstätigkeit nach. Hedehusum zählte damals 20 Häuser mit etwa 90 Einwohnern.[16] Aus diesen 20 Häusern fuhren 29 Seeleute nach Grönland. In etlichen Familien waren also mehrere männliche Angehörige gleichzeitig auf Walfang, und Haus bei Haus fehlten die arbeitsfähigen Männer in den Sommermonaten.

Tab. 1 Seefahrer aus Hedehusum im Jahre 1757

Nr.	Name	Verwandtschaftsgrad	Alter in Jahren	alte Haus-Nr.
1	Peter Rörden	Vater von Nr. 2–4	61	2
2	Rörd Peters	Sohn von Nr. 1	25	2
3	Namen Peters	Sohn von Nr. 1	23	2
4	Hay Peters	Sohn von Nr. 1	20	2
5	Rörd Hayen		24	3
6	Eck Knuten	Bruder von Nr. 7 + 8	26	5
7	Nickels Knuten	Bruder von Nr. 6 + 8	30	5
8	Namen Knuten	Bruder von Nr. 6 + 7	28	5
9	Namen Rörden	Vater von Nr. 10–12	59	6
10	Rörd Namens	Sohn von Nr. 9	22	6
11	Matz Namens	Sohn von Nr. 9	20	6
12	Ketel Namens	Sohn von Nr. 9	19	6
13	Namen Olufs		28	7
14	Jung Rörd Arfsten		29	8
15	Ock Lorenzen		44	9
16	Marcus Nickelsen	Vater von Nr. 17	41	17
17	Nickels Marcussen	Sohn von Nr. 16	14	17
18	Brar Nickelsen		29	13
19	Jung Sönck Früdden	Bruder von Nr. 20	25	14
20	Früd Früdden	Bruder von Nr. 19	17	14
21	Rörd Rörden	Vater von Nr. 22–24	60	15
22	John Rörden	Sohn von Nr. 21	29	15
23	Amck Rörden	Sohn von Nr. 21	22	15
24	Rörd Rörden	Sohn von Nr. 21	14	15
25	Jens Braren		25	16
26	Rörd Ketels		48	18
27	Boh Früdden		22	19
28	Knudt Olufs		27	20
29	Brar Arfsten		23	11

Abb. 10 Flensen eines Wals an Steuerbordseite, Radierung 1805; Friesenmuseum Wyk auf Föhr

Wenn man die Seefahrerliste des Dorfes nach verwandtschaftlichen Zusammenhängen betrachtet, bestätigt sie eindrucksvoll, daß es durchaus kein Einzelfall war, wenn Familienangehörige gemeinsam auf große Fahrt gingen. Hervorgehoben werden sollten aber doch jene Familien, bei denen die Väter mit jeweils drei Söhnen zur See fuhren. Im Falle von Namen Rörden (Nr. 9), der seine drei gerade ins Erwachsenenalter gekommenen Söhne bei sich hatte, läßt sich das gut erklären. Er mußte für eine große Familie sorgen, denn von seinen neun Kindern war zu diesem Zeitpunkt keins verheiratet, so daß er noch im Alter von 59 Jahren für alle Familienmitglieder aufkommen mußte. Erwähnt werden sollten auch die beiden Vierzehnjährigen (Nr. 17 und Nr. 24), die mit ihren Vätern an Bord gingen.

Tab. 2 Altersübersicht der Seefahrer von 1757

Alter	10–15	16–20	21–25	26–30	31–40	41–45	46–50	51–55	56–60	61–65
z. See	2	4	9	8	–	2	1	–	2	1

Aus der Altersübersicht geht hervor, daß die größte Zahl der Seefahrer zwischen 20 und 30 Jahren alt war, während es niemand im Alter zwischen 30 und 40 Jahren gab. Letzteres dürfte kein Zufall gewesen sein, es gibt da Zusammenhänge zu einer Schiffskatastrophe aus dem Jahre 1744, von der noch berichtet wird.

Von der verdienten Heuer kauften die Seefahrer teure Tuche, Schmuck aus Silber und Gold, Wandfliesen und Porzellan in ihren Ausgangshäfen und brachten dies alles mit auf die Insel, wenn sie nach den Fangreisen auf Schmackschiffen wieder nach Föhr zurückbefördert wurden. Ohne Frage war dies die angestrebte und angenehmere Seite der Grönlandfahrten, es kam ein vorher nicht gekannter Wohlstand auf die Insel. Spürbar wurde dieser aber weniger in der allgemeinen Anhebung des Lebensstandards im heutigen Sinne als vielmehr in der individuellen Situation der Familien. Diese über Jahrzehnte andauernde positive wirtschaftliche Entwicklung führte zu einem ständigen Anwachsen der Bevölkerungszahl bis etwa 1770.

Tab. 3 Anstieg der Bevölkerung im Kirchspiel St. Laurentii[17]

Jahr	1678	1689	1700	1711	1722	1769
Einwohner	1093	1176	1236	1344	1436	1695

Der Verdienst der Seefahrer soll nur kurz erwähnt werden. Seeleute, die ein Walfangschiff führten, erhielten die Berufsbezeichnung „Commandeur", während „Capitäne" Handelsschiffe über die Meere nach allen Teilen der Welt führten. Sie hatten die höchsten Einnahmen. „Schiffer" dagegen waren damals die Führer meist kleinerer Schiffe auf der Nord- und Ostsee. Untere Schiffsoffiziersgrade, wie Steuerleute oder Speckschneider, hatten bei weitem nicht so hohe Einkünfte, und die Heuer der einfachen Seeleute reichte gerade, um sich und ihre oft zahlreiche Familie zu unterhalten. Die Entlohnung der Schiffsmannschaften erfolgte im übrigen nicht nur nach dem Mannschaftsgrad, sondern beim Walfang auch anteilig zum Fangergebnis.

Aus Hedehusum sind während der Zeit der Grönlandfahrten nur wenige Seefahrer in die höheren Offiziersgrade aufgestiegen. Die Kommandeursliste von den Dörfern des Kirchspiels St. Laurentii enthält insgesamt 55 Namen, unter denen sich aber nur einer aus Hedehusum befindet. Es ist Knudt Hinrichen, der 1787 als Sohn des ins Mittelmeer fahrenden Matrosen Hinrich Knudten in Hedehusum, Haus Nr. 20, geboren wurde. Von ihm berichtete ein Süderender Grönlandfahrer die heiter stimmende Begebenheit, daß er in Grönland von zwei anderen

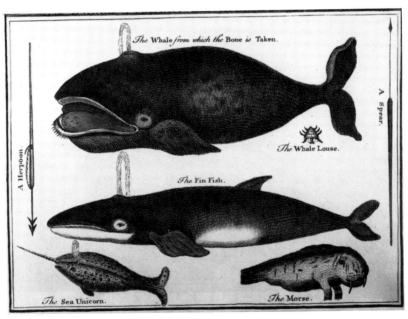

Abb. 11 Grönlandwal und Finwal,
Kupferstich um 1780; Friesenmuseum Wyk auf Föhr

Süderendern und dem Kommandeur Hinrichen Besuch bekommen habe, dabei die Besucher mit Gesichtern „fast so schwarz wie Schornsteinfeger, weil sie in der Kombüse im Gegensatz zu den anderen Grönlandfahrern, die Buchenholz brauchten, Steinkohlen brannten. Bei ungünstiger Segelstellung zogen nämlich die Schornsteine der Kombüsen schlecht, und das Zwischendeck war voll Rauch, daß man die Augen nicht hat öffnen können, und wegen Kälte und Wassermangel wurde auf den Grönlandreisen kaum gewaschen."[18] Kommandeur Knudt Hinrichen heiratete eine Frau aus Dunsum und erwarb Haus und Besitz in Oldsum. Dort wuchsen seine drei Kinder auf, zwei Söhne und eine Tochter, er selbst verstarb 1867 hochbetagt im Alter von 80 Jahren ebenfalls in Oldsum.

Man kann schwerlich eine Begründung dafür finden, weshalb sich im Laufe so vieler Jahrzehnte unter den Männern gerade der kleinsten Gemeinde des Kirchspiels nur einer bereitfand, die Führung eines Walfängers zu übernehmen. Es mag sein, daß der Weg zur nächsten Navigationsschule zu weit erschien, um sie in den Wintermonaten regelmäßig besuchen zu können. In solchen privaten Schulen vermittelten erfahrene Schiffsführer als Navigationslehrer in mehreren Dörfern der Insel nautische und seemännische Kenntnisse, um damit die Basis für das Führen eines Schiffes zu legen und später das Steuermannsexamen bestehen zu können. Dies Examen war im 17. Jahrhundert zwar noch nicht die Voraussetzung für die Berechtigung zur Führung eines Schiffes, wurde es aber zunehmend vom 18. Jahrhundert an. In Dänemark wurde das Steuermannsexamen ab 1783 obligatorisch, in Schleswig-Holstein ab 1802.

Das Dorf Süderende kann als die Keimzelle der Navigationsschulen auf Föhr angesehen werden; denn der erste Navigationslehrer der Insel war Richardus Petri, Hauptpastor in St. Laurentii von 1620 bis 1678. Er führte in seinem Pastorat in Süderende, etwa einen Kilometer von der Kirche entfernt, die ersten Föhringer Grönlandfahrer während der Wintermonate in die Navigationskunde ein. Einer seiner Nachfolger im Kirchenamt schrieb Jahrzehnte später über ihn: „Ob ich gleich Richardi Petri wegen fleißig nachgefragt, um einige Umstände seines Lebens zu erfahren, so habe ich doch nicht anders vernommen, als daß er überhaupt ein guter Mann und in der Navigationswissenschaft wohl erfahren gewesen, viele hier in der Gemeine die Steuermannskunst gelehret und zwar umsonst, doch mit dem Beding, daß sie wieder andere umsonst informieren sollten."[19] Diesem Vorbild des uneigennützigen und weitschauenden Mannes folgend, bildeten sich in mehreren Dörfern der Insel private Navigationsschulen, deren Lehrtätigkeit erst 1870 eingestellt wurde, als staatliche Navigationsschulen auf dem Festland an ihre Stelle traten.

Wenn die Zeit der Grönlandfahrt auch keinen Reichtum nach Hedehusum gebracht hat, so hinterließ sie doch Spuren in jeder Familie und veränderte die Dorfstruktur erheblich. Hedehusum wies am Beginn der Walfangzeit im Jahre 1667 nur sieben Häuser auf. Diese Zahl verdoppelte sich innerhalb der nächsten Jahrzehnte und hatte mit 22 Häusern um 1770 ihren Höhepunkt erreicht. Aus jedem dieser Häuser fuhren während fünf Generationen alle geeigneten männlichen Angehörigen zur See. Wie schon berichtet, blieben sie an Bord mit wenigen Ausnahmen einfache Seefahrer und stiegen nur ausnahmsweise zu Speckschneidern und Harpunierern auf, so daß ihre geringe Heuer nur die Basis für einen bedürfnislosen Familienhaushalt liefern konnte.

Wie sehr aber diese Menschen in Not gerieten und in bittere Armut fielen, wenn der Ernährer durch einen Unglücksfall auf See sein Leben verlor, läßt sich heute kaum noch nachempfinden. Wenige Beispiele sollen dies verdeutlichen. Der Kommandeur Jung Früd Braren (1728–1769) aus Oldsum kam mit seinem Schiff im Jahre 1769 in Eisnot. Er war 12 Jahre lang von Amsterdam aus nach Grönland gefahren und verlor nun bei diesem Unglück zusammen mit der gesamten Besatzung sein Leben. Die Mannschaft eines Walfängers bestand damals in der Regel aus 45 Seeleuten. Kommandeur J. F. Braren hatte unter diesen 45 Männern seiner Besatzung allein 19 Seefahrer aus den Dörfern von St. Laurentii an Bord, so daß der Tod dieser Männer auf ganz Westerlandföhr tiefe Betroffenheit und große Trauer auslöste. Im Kirchenbuch findet sich zu diesem zahlenmäßig hohen Verlust allerdings nur eine kurze Notiz in der Auflistung der Verstorbenen des Jahres 1770: „Hinzu kommen noch 19 Personen welche im vorigen 1769 Jahr in Grönland geblieben." Aus Hedehusum waren zwei Brüder unter den Toten, der 34jährige Amck Rörden aus Haus Nr. 20 und der 27jährige Rörd Rörden aus Haus Nr. 15, beides Familienväter. In der Seefahrerliste von 1757 wurden sie bereits genannt.

Zu erklären ist dieser relativ hohe Anteil von Föhringern an Bord eines Walfängers dadurch, daß die Kommandeure ihre Besatzungen gern aus dem eigenen Dorf oder auch aus ihrer Verwandtschaft zusammenstellten. Daß beim Verlust eines Schiffes dann manche Familien besonders hart getroffen wurden, kam immer wieder vor.

Die Gefahr eines Schiffsunglücks war für die Walfänger natürlich nicht nur in den Gewässern bei Grönland und Spitzbergen gegeben, sie bestand vor allem für die kleinen Schmackschiffe bei ihren Fahrten über die Nordsee von und nach Föhr im Frühjahr und im Herbst, in Jahres-

Abb. 12 Walfang und Eisbärenjagd,
Kupferstich um 1780; Friesenmuseum Wyk auf Föhr

zeiten also, wo relativ häufig Stürme die See unruhig und unsicher machen. Zwei Jahre vor dem oben beschriebenen Unglück ereignete sich ein solcher Schiffsuntergang am 4. Oktober 1767, als der Schiffer Boy Paven im Alter von 25 Jahren mit seiner Schmack „auf der Rückreise von Holland vermuthl. vor der Hefer mit allen seinen Passagiers"[20] den Seemannstod fand. Aus der Zusammenfassung dieser Verluste im Kirchenbuch von St. Johannis geht hervor, daß bei dieser Schiffskatastrophe alle drei Kirchspiele der Insel betroffen waren:

„29 Persohnen aus dieser St. Johannis-Gemein.
13 aus St. Nicolai Gemein
14 aus St. Laurentii Gemein

56 Persohnen von gantz Föhr"

Ungewöhnlich hart traf dieser Schicksalsschlag die Familie des Kommandeurs Andreas Nickelsen in Alkersum, aus der drei Brüder im Alter von 27, 19 und 17 Jahren ertranken.[21]

Die Inselbevölkerung war schon einmal von einem solchen Untergang einer zurückkehrenden Schmack heimgesucht worden, und zwar am 10. September 1744. Von den damals 100 ertrunkenen Seefahrern waren 64 auf Föhr beheimatet, davon wiederum fast jeder dritte im Kirchspiel St. Laurentii, wie man der Eintragung des damals hier amtierenden Pastors Quedensen entnehmen kann, der dazu schrieb: „NB. Unter denen Verstorbenen sind 19 Personen auf ihrer Heimreise von Amsterd. mit Schiffer Pay Melfsen, unweit dieser Gegend auf der See nebst allen Anwesenden verunglückt, wovon 7 Personen gefunden und allhier begraben worden." Dieses Unglück dürfte auch Seefahrer aus Hedehusum getroffen haben, so daß deren Jahrgänge 13 Jahre später in der Seefahrerliste von 1757 nicht vertreten waren.

Als es schließlich im Juni 1777 zur größten Katastrophe der gesamten grönländischen Walfangzeit kam, hielt sich die Zahl der Opfer unter den Föhringer Seefahrern durch glückliche Umstände in Grenzen. Damals wurden 27 Schiffe verschiedener Nationen durch plötzlichen starken Frost vom Eis eingeschlossen, nur wenige kamen frei aus dieser tödlichen Umklammerung. 14 Walfangschiffe, sieben Holländer und sieben Hamburger, blieben im Eis und wurden allmählich zerdrückt. Nachdem die Schiffe verloren waren, versuchten 439 Seeleute, auf dem Eis zu überleben. Von ihnen sind etwa 300 verhungert oder erfroren.[22]

Unter den damals in Eisnot geratenen Kommandeuren stammte glücklicherweise keiner von Föhr, deshalb befanden sich vergleichsweise nur wenige Seefahrer von der Insel an Bord der verunglückten Schiffe. Dennoch war der Tod von 19 Männern von Föhr zu beklagen,

2 von St. Johannis
4 von St. Nicolai
13 von St. Laurentii.

Diese großen Schiffstragödien innerhalb von 33 Jahren mit ihrer hohen Zahl an Menschenopfern weisen einerseits auf die ständige Gefahr hin, in der sich die Männer bei ihrer Erwerbstätigkeit befanden, andererseits lenken sie den Blick auf die Hinterbliebenen, denen durch den

Tab. 4 Zusammensetzung der Gemeinde St. Laurentii

Jahr	männlich	weiblich	gesamt	verh. Frauen	verww. Frauen	Prozentsatz
1769	784	911	1695	389	76	20
1834	571	673	1244	324	123	38

Tod des Ernährers meist ein hartes Leben bevorstand und Jahre der Not unausweichlich waren. In allen Dörfern gab es einen Frauenüberschuß, wie die Zahlen bei Volkszählungen ausweisen. Der Anteil von 20 % bzw. 38 % Witwen unter den verheirateten Frauen ist ungewöhnlich und bedeutungsvoll zugleich. Dieser hohe Prozentsatz wird auch für Hedehusum bestätigt durch die Flurkarte des Landvermessers Lund von 1801 (s. S. 93), auf der unter den 20 eingesessenen Hausbesitzern des Dorfes sechs Witwen eingetragen sind.

Der Lebensweg einer dieser Witwen aus dem Dorf kann ein Bild vermitteln von dem Schicksal vieler Föhrer Frauen in jener Zeit. Die 21jährige Pöpke Jürgens aus Süderende heiratete 1765 den um vier Jahre älteren Seefahrer Früd Früdden aus Hedehusum und zog als dessen Ehefrau in sein Elternhaus Nr. 14, wo bereits wenige Wochen später ihr erstes Kind, Tochter Marina, geboren wurde. Der Besitz von Früd war nicht groß, wie man aus der zu zahlenden Steuer ersehen kann, so daß der Verdienst für die Familie allein aus der Grönlandfahrt stammte. Sieben Kinder, vier Mädchen und drei Jungen, wurden der Familie Früdden im Laufe der Jahre geboren. Von ihnen verstarben zwei Jungen schon im Kleinkindalter. Ein drittes Kind, Tochter Kerrin, erlag mit 10 Jahren den Pocken. Der schwerste Schlag für Pöpke war aber wohl der gemeinsame Seemannstod ihres Mannes Früd und ihres letzten Sohnes Juhn, die im Jahre 1792 beide vor Amrum ertranken. 33 Jahre lang lebte Pöpke noch als Witwe in Hedehusum, bevor sie 1825 starb. Das Haus Nr. 14 verfiel nach ihrem Tode und wurde abgebrochen.

Hier wird deutlich, daß die Lebensumstände auf Föhr während der Walfangzeit, die in der Heimatgeschichte oft etwas oberflächlich als goldene Zeit bezeichnet wird, hart waren und durch menschliche Tragödien gekennzeichnet wurden, wie sie in anderen Landstrichen nur in Kriegszeiten vorkommen. Zu den Vermögensverhältnissen auf der Insel kann am besten noch ein Zeitgenosse gehört werden. Es ist Pastor Boysen von St. Johannis, der in den Provinzialberichten von 1793 schreibt: „Nebenher will ich noch anführen, daß es auf Föhr wenig eigentlich reiche Leute giebt. Ich nenne hier denjenigen reich, der 10 000 Rthlr. und darüber in Vermögen hat. Solcher giebt es auf der ganzen Insel vielleicht nicht über 10. Die Zahl derer aber, welche ein kleines Kapital erworben haben, von welchem sie nach Landes Gebrauch bequem leben können, ist nicht unbeträchtlich. Doch giebt es daselbst auch sehr viele Arme, welche nichts haben und das Nothwendige auch nicht verdienen können selbst unter denen, welche 50 bis 60 Jahre die See befahren haben."

Die heranwachsenden Söhne mußten möglichst schnell nach Verdienst streben und drängten die heimatlichen Kommandeure, oft noch als halbe Kinder, sie ins Eismeer mitzunehmen. Für die männliche Bevölkerung auf Föhr gab es zu jener Zeit keine berufliche Alternative, mehrere Generationen hindurch war das Streben junger Menschen nach Vorwärtskommen, Anerkennung und Erfolg allein mit dem Walfang verbunden.

Bewundernswert war die Kraft der friesischen Frauen, die zu Hause das Vieh versorgten, das erforderliche Land bestellten und die Kinder erzogen. Dies neben der Sorge um die Männer und Söhne zu leisten, war eine Aufgabe von hohem Anspruch, der sie sich täglich zu stellen hatten. Dazu kamen Krankheiten und Seuchen, die bei dem damaligen Stand der Medizin und den hygienischen Verhältnissen ihren Tribut forderten. Im Jahre 1773, vor allem aber in den Wintermonaten 1785/86, verloren viele Menschen, insbesondere kleinere Kinder, ihr Leben durch die Blattern, wie die Pocken damals genannt wurden. In Hedehusum starben am 3. Dezember 1785 die 1¼ Jahre alte Tochter Krassen von Nickels Knudten und am nächsten Tag die schon erwähnte 10jährige Tochter Kerrin von Früd Früdden an dieser ansteckenden Krankheit. Im ganzen Kirchspiel St. Laurentii verzeichnete Pastor Johannsen in jenem Jahr eine Gesamtzahl von 87 Verstorbenen, denen nur 37 Geburten gegenüberstanden. Niemand konnte sich an eine so große Zahl von Beerdigungen erinnern, im allgemeinen verstarben jährlich lediglich zwischen 35 und 55 Personen.

Um 1800, eigentlich schon in den beiden Jahrzehnten davor, verlor die Grönlandfahrt zunehmend an Bedeutung. Zum einen war der Grönlandwal durch die über 200 Jahre lange Bejagung als biologische Art stark dezimiert worden, zum anderen wurde der Tran als Brennstoff für die Lampen allmählich überflüssig und durch Petroleum ersetzt. Die Fangergebnisse bei den großen Meeressäugern gingen merklich zurück, vielfach hatte man sich auf die weniger einträgliche Robbenjagd umgestellt, um überhaupt noch Tran kochen zu können. Die Fahrten nach Spitzbergen und Grönland wurden für die Reeder also immer weniger lohnend. Dazu kamen die Folgen des nordamerikanischen Unabhängigkeitskrieges von 1776 bis 1783, in den mehrere Staaten Europas verwickelt waren, wie Frankreich, England und die Niederlande. In diesen Staaten unterblieb deshalb weitgehend die Ausrüstung von Walfangschiffen. In Dänemark wurde schließlich im Jahre 1789 die Grönlandfahrt endgültig eingestellt, die Walfangschiffe wurden verkauft. Seit 1795 hatten französische Truppen die Niederlande besetzt, so daß auch dort eine neue wirtschaftspolitische Situation entstanden war, und schließlich wirkten sich die napoleonischen Feldzüge sehr nachteilig auf den Walfang aus. So ging eine große und bewegte europäische Zeitepoche zu Ende, die den Bewohnern des kleinen Dorfes Hedehusum mehr als 150 Jahre lang wirtschaftliche Stabilität und kommunales Wachstum, aber neben persönlichem Erfolg auch Entbehrungen und Not gebracht hatte. Die Erinnerung an diese Zeit ist bis in die Gegenwart lebendig geblieben.

Ende der Grönlandfahrt, unsichere Übergangszeiten

Um 1800 wurden die Handelsfahrten ins Mittelmeer und nach Ost- bzw. Westindien immer gewinnbringender, was bemerkenswerte unmittelbare Folgen hatte. Zunächst erhöhten sich die Anforderungen an die seemännischen Fähigkeiten der Schiffsbesatzungen. Ältere Männer, die während der Grönlandfahrt noch weitgehend bei der Jagd und der Verwertung der gefangenen Wale eingesetzt werden konnten, wurden nicht mehr benötigt, weil sie kaum in der Lage waren, in der Takelage eines Segelschiffes zu arbeiten. Ohnehin verringerte sich auf den Handelsschiffen die Zahl der Besatzungsmitglieder auf etwa ein Drittel der Walfangmannschaftsstärke, weil nur noch Seeleute zum Segelsetzen und zum Steuern der Schiffe gebraucht wurden.

Die Folge davon war zum einen, daß zunehmend weniger Männer, vor allem die älteren, noch ihren Erwerb als Seefahrer fanden, zum anderen, daß sich die seebefahrenen Föhringer danach drängten, auf Handelsschiffen anzumustern. So waren z.B. 1795 in Altonaer Musterungslisten 523 Handelsfahrer von Föhr verzeichnet, denen nur noch 56 Grönlandfahrer gegenüberstanden.[23] Aus Hedehusum ist der Kapitän Lorentz Ocken (1754–1811) aus Haus Nr. 9 für diese Zeit des Übergangs ein deutliches Beispiel. Über ihn wird später eingehender berichtet.

Mit der nachlassenden Bedeutung der Grönlandfahrt und der Hinwendung zur Handelsfahrt ging eine stete Abnahme der Bevölkerung einher.

Tab. 5 Einwohnerzahl in Hedehusum

Jahr	1787	1801	1822	1831	1834
Anzahl	79	78	72	55	49

Diese Entwicklung war auch in den übrigen Dörfern des Kirchspiels bemerkbar.

Tab. 6 Zahl der Gemeindemitglieder in St. Laurentii

Jahr	1769	1787	1822	1834
Anzahl	1695	1545	1459	1244

Tab. 7 Zahl der Geburten in St. Laurentii

Jahr	1742	1750	1799	1800	1824
Anzahl	55	49	30	25	27

Ähnliches galt für die gesamte Insel Föhr, die im Jahre 1769 eine Bevölkerung von 6146 Bewohnern hatte, im Jahre 1822 dagegen nur noch 4754 Einwohner zählte.

Die Seeleute auf den Handelsschiffen verbrachten nicht mehr wie früher den Winter auf der Insel. Je weiter die Reisen wurden, desto seltener kehrten sie zu ihren Familien zurück, viele erst nach mehrjähriger Abwesenheit, andere überhaupt nicht mehr. Oft erreichte sogar eine Todesnachricht nicht mehr die Heimatinsel, weil unter der Schiffsbesatzung keine Landsleute waren, die sie hätten nach Hause bringen können. In den Kirchenbüchern von St. Laurentii fehlen deshalb bei vielen Männern die Sterbedaten. Manche fanden auch eine Ehefrau in der Fremde und nahmen dort ihren Wohnsitz, wie dies Matz Nickelsen, der zweite Sohn des Grönlandfahrers Nickels Knuten, aus Haus Nr. 5 tat. Er fuhr als Matrose von Hamburg zur See und wohnte ab 1817 in Amsterdam. Ein anderer Seemann aus Hedehusum, der im Jahre 1758 im Hause Nr. 7 geborene Ketel Namens, ließ seine Braut aus Klintum nach Stockholm kommen, wo beide 1785 heirateten und wohnen blieben.

Ein weiterer Grund, der Heimatinsel fernzubleiben, war die Furcht vor dem Militärdienst. Dazu ist zu sagen, daß die Föhringer im 16. und 17. Jahrhundert nur selten militärische Dienste zu verrichten hatten, zum letzten Male im Jahre 1689. Von Westerlandföhr konnten damals 56 und von Osterlandföhr 37 Männer auf freiwilliger Basis zum Dienst in der dänisch-königlichen Marine angeworben werden. Erst ein halbes Jahrhundert später, im Januar 1735, erfolgte eine Regierungsverordnung über den Wehrdienst aller tauglichen Männer der Nordseeinseln unter dänischem Einfluß, Nordstrand ausgenommen. Die jungen Männer dieser Inseln sollten von allen Ausschreibungen zu Lande und auch von allen Soldatendiensten für ewige Zeiten befreit sein, dafür aber in Kriegszeiten in der Flotte dienen.

Dieser Fall trat im Jahre 1780 ein, als Dänemark im nordamerikanischen Unabhängigkeitskrieg seine neutralen Handelsschiffe vor Übergriffen der kriegführenden Parteien schützen wollte. Von Föhr und Amrum sollten zu diesem Zweck 150 Männer gestellt werden. Weil dies seit 100 Jahren nicht mehr vorgekommen war, entstand auf der Insel eine große Unruhe, und die aufgerufenen Männer weigerten sich, dem Befehl Folge zu leisten. Erst nachdem eine Truppeneinheit auf Föhr eintraf, erklärten sich die Gemusterten bereit, dem Verlangen zu folgen, wenn auch nicht freiwillig, wie sie in einem Schreiben an den König in Kopenhagen zum Ausdruck brachten. Zu ihnen gehörte der damals 18jährige Boh Namens aus Haus Nr. 4, der nach seiner Dienstzeit noch als Harpunier zum Walfang fuhr, später als Landmann zu Hause blieb und 1845 verstarb. Seit dieser Zeit fanden Musterungen nahezu regelmäßig statt, und mehrere Föhringer haben während des dänisch-englischen Krieges zwischen 1807 und 1814 sowie in den napoleonischen Kriegen auf dänischen Schiffen gedient. Es ist verständlich, wenn viele Inselfriesen diesen Zwangseinschnitt in ihr berufliches oder familiäres Leben nicht gern hinnehmen wollten und deshalb Föhr den Rücken kehrten.

Als dann in den napoleonischen Kriegen durch die Kontinentalsperre und während der Auseinandersetzung zwischen England und Dänemark nicht nur der Walfang, sondern auch die Handelsfahrt nahezu zum Erliegen kam, entstand in Hedehusum in den Häusern der abgemusterten Seeleute und Witwen eine harte und entbehrungsreiche Lebenssituation.

Seefahrer werden Landeigentümer

Es braucht nicht besonders hervorgehoben zu werden, daß im 17. und 18. Jahrhundert bei den Männern kein Interesse für die Landwirtschaft bestand, denn die Seefahrt bestimmte weitgehend ihr Leben. Daß aber auch die gesamte Bevölkerung auf Föhr sich in so hohem Maße darauf ausrichtete, lag zum großen Teil an der überalterten, aus dem Mittelalter übernommenen und noch gültigen Agrarverfassung. Die Gemarkung einer Dorfschaft wurde gemeinschaftlich genutzt und bewirtschaftet mit Ausnahme der bebauten Grundstücke, Staven (fö. *stuuwen*) und Toft (fö. *taft*) genannt. Die Bauerschaft (fö. *a büür*) wählte ihren Bauervogt (fö. *büürföögels*), der öffentlich sowohl den Zeitpunkt der Saat verkündete als auch wann gemäht und geerntet werden sollte. Die Bauerschaft bestimmte für jede Familie auch die Anzahl der Schafe, Kühe und Ochsen, die geweidet werden durfte. Diese Terminierung und Kontingentierung änderte sich witterungsbedingt in jedem Jahr und war verpflichtend für die gesamte Dorfschaft.

Die Feldmark in Hedehusum war damals eingeteilt in

>Täglich- oder Ackerland
>Beltrings- oder Gräsungsland
>Meede- oder Wiesenland
>Wunge- oder Wechselland (Heideland).[24]

Das Täglich- oder Ackerland wurde ständig bearbeitet und alle drei Jahre mit Stallmist gedüngt. Nach dem Düngen wurde Gerste gesät, dann zwei Jahre hintereinander Roggen, bevor der dreijährige Rhythmus von neuem begann. Das Ackerland war eingeteilt in mehrere größere Flächen, Gewanne (fö. *tjüüg, -en*) genannt, innerhalb derer die Feldinteressenten ihre Anteile hatten. Diese wurden nach Ammerland (fö. *amerlun*) bemessen, wobei unter einem Ammerland ursprünglich eine Fläche zu verstehen war, die mit einem „Ammer", einem Scheffel oder einem Schipp Saat bestellt werden konnte. Da das Land aber sehr unterschiedlich an Bodenqualität war, so war auch das Maß für ein Ammerland unterschiedlich; d.h. die Fläche war um so kleiner, je besser die Güte des Bodens war. Wenn man die damals üblichen Quadratruten in heutige Quadratmeter umrechnet (1 Quadratrute = 26,61 Quadratmeter), läßt sich erkennen, daß auf dem Ackerland eines Dorfes erhebliche Ammerlandunterschiede von etwa 240 qm − 500 qm bestanden. Innerhalb eines *tjüügs* war die Flächengröße für ein Ammerland jedoch einheitlich, von *tjüüg* zu *tjüüg* dagegen verschieden. Im Durchschnitt entsprach ein Ammerland einer Bodenfläche von etwa 400 qm.

Das Beltrings- oder Gräsungsland von Hedehusum befand sich in der Godelniederung, teilweise auch auf Heideland. Es diente als gemeinschaftlich nutzbare Viehweide. Die Anteile am Gräsungsland wurden nach Beltringen bemessen, wobei ein Beltring nach neueren Erkenntnissen „eine ideelle Quote am Gräsungsland"[25] des Dorfes war und nicht, wie man bisher meinte, eine Fläche, die für einen Tag als Weide für eine Kuh ausreichte. Die Anzahl der Beltringe für eine Dorfgemeinde ist vermutlich entsprechend der Zahl jener eingesessenen Familien festgelegt worden, die vor langer Zeit bei der erstmaligen Einteilung des Gräsungslandes im Dorf wohnten. Diese Einteilungszahl veränderte sich nicht, sie blieb durch Jahrhunderte für jedes Dorf erhalten. Für Hedehusum und die benachbarten Dörfer Utersum und Witsum/Borgsum ergaben sich vor 1800 folgende Beltringszahlen und -größen:[26]

Tab. 8 Anzahl und Größe der Beltringe

Dorf	Anzahl d. Beltringe	1 Beltring entspricht
Hedehusum	101	1,50 Demat
Utersum	328¾	1,29 „
Witsum/Borgsum	1489 11/20	0,40 „

1 Demat auf Westerlandföhr = 4789,54 m²

Auf dem Gräsungsland wurden die Kühe gemeinschaftlich durch einen Hirten gehütet und abends zum Melken ins Dorf getrieben und eingestallt. Im Jahre 1794 beweideten 26 Kühe das Gräsungsland von Hedehusum[27], dazu kamen noch 9 Pferde und 50 Schafe.

Das Meede- oder Wiesenland lieferte das Heu für die Winterfütterung. Die Größe der Meedestücke wurde nach der Fuderzahl (fö. *Leestaal*) von Heu berechnet. Ein *Leestaal* war eine Grasfläche, die ein Fuder Heu erbrachte, wobei allerdings nicht an ein Fuder heutiger Größe zu denken ist. Es dürfte damals fünf bis sechs Zentner schwer gewesen sein, nicht mehr. Auch die einzelnen Gewanne des Meedelandes zeigten eine unterschiedliche Boden- und damit Ertragsqualität, im Durchschnitt erbrachte ein Demat Wiesenland vier *Leestaal* Heu. Wenn man bedenkt, daß Hedehusum vor 1800 etwa 17 Demat Meedeland minderer Qualität hatte, konnten davon jährlich zwischen 60 und 70 Fuder Heu eingebracht werden. Das war sehr wenig, auch bei zweimaligem Mähen, gemessen an einem Viehbestand von über 20 Kühen. Nur durch Zufütterung von Stroh und durch gepachtete Anteile von Meedeland in anderen Gemeinden konnten die Tiere durch den Winter gebracht werden.

Das Wunge- oder Wechselland war Heideland, das 12 bis 17 Jahre lang brach lag und dann drei Jahre hintereinander mit Hafer oder Sommerroggen bestellt wurde. Danach ließ man es wieder brach liegen, so daß sich darauf erneut Heidekraut ausbreiten konnte und es als Gräsungsland, vor allem für Schafe, nutzbar war. Die Berechtigungsanteile am Wungeland wurden zwar in Ammerland bemessen wie beim Ackerland, waren in Wirklichkeit aber nur Quoten, weil man bei der geringen Bodenqualität keine Grenzen festgelegt hatte, die zu beachten waren. Die den Quoten entsprechenden Flächen wurden verlost.

Das Heideland lag im übrigen auf Westerlandföhr im wesentlichen auf der hohen Geest um die Dörfer Hedehusum, Utersum und Witsum/Borgsum herum, hatte insgesamt eine Ausdehnung von mehr als 2000 Demat (= 1000 ha) und war für den westlichen Teil der Insel landschaftsbestimmend. Ende des 18. Jahrhunderts gehörten zu Hedehusum bei einer Gesamtfläche der Feldmark von 283 Demat allein 127 Demat Heideland, das sind 45%.[28] Hieran läßt sich wiederum erkennen, daß in diesem Dorf die landwirtschaftlichen Erträge nur gering sein konnten und die Bewohner davon allein nicht zu existieren vermochten. Nur 38 Demat des Heidelandes wurden als Wungeland umgebrochen, ein Zeichen dafür, daß diese Arbeit für die Frauen zu schwer war; denn Haus bei Haus waren die Männer ja auf See.

Diese auf einer sehr alten Agrarverfassung beruhenden Zusammenhänge sollten von Amts wegen verändert werden, um in der Landwirtschaft einen größeren Nutzen erzielen zu können und damit die Wirtschafts- und Sozialstruktur der Bevölkerung zu stärken. Nach einer umfassenden sach- und fachgerechten Ermittlung der Verhältnisse auf Westerlandföhr durch eine dreiköpfige Untersuchungskommission kam am 13. Januar 1798 aus Kopenhagen die Anweisung an die dafür zuständige *Schleswig-Holsteinische Landcommission,* „daß mit der Aufhebung der Feldgemeinschaft auf Westerlandföhr zum bevorstehenden Frühjahr der Anfang gemacht werden müsse".[29] Diese Anweisung ging zurück auf eine Verordnung von Christian VII. vom 10. Februar 1766 über die „Aufhebung der Gemeinschaft der Dorfsfelder für das Herzogthum Schleswig". Auf Osterlandföhr war diese gesetzliche Regelung bereits im Jahre 1788 abgeschlossen worden, wenn auch gegen den entschiedenen Widerstand der meisten Eingesessenen.

Zur Durchführung einer solchen Landaufteilung auch auf Westerlandföhr war es notwendig, sowohl die Eigentumsansprüche der Landinteressenten als Grundlage für die neue Landverteilung und Überführung in Privatbesitz zu ermitteln als auch das Land neu zu vermessen. Diese Aufgabe der Vermessung der Gemarkungen von Hedehusum, Utersum und Dunsum erhielt der Landvermesser H. Lund aus Hadersleben. In jedem Dorf wurden außerdem zwei Regulierungsmänner gewählt, die ihm als Ortskundige und Sachverständige der Feldinteressenten helfend zur Seite stehen sollten. In Hedehusum waren dies der Landmann und frühere Kapitän Lorentz Ocken zusammen mit dem Landmann Jung Rörd Peters, der auch Dachdecker an kirchlichen Gebäuden war.

Als Ergebnis einer zweijährigen Arbeit entstand die „Charte von dem Dorfe Heddehusum auf dem Westerlande der Insel Föhr. Aufgemessen und vertheilt in den Jahren 1799 und 1801 durch H. Lund". Die zahlreichen Flurnamen auf der Karte wurden nicht alle in Föhring geschrieben, sie wurden teilweise mit dem Hoch- oder Plattdeutschen und auch dem Dänischen vermischt. Eine Auswertung dieses Dokuments, das im Hause von Lorentz Ocken erhalten blieb und sich im Privatbesitz noch in Hedehusum befindet, erfolgt später. Der Landmesser hat auf der Karte auch die Namen der Eingesessenen und damit der er-

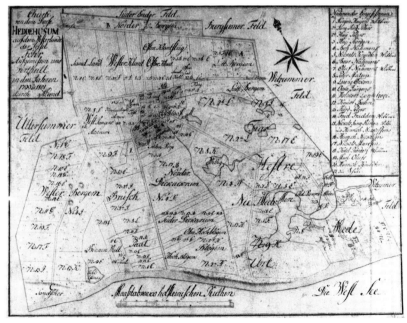

Abb. 13 „Charte von dem Dorfe Heddehusum auf dem Westerlande der Insel Föhr" aus dem Jahre 1801, Privatbesitz

sten Landeigentümer eingetragen. Sie sind nach den Nummern der Häuser geordnet, die während der Landvermessung festgelegt wurden und in etwa der Reihenfolge ihres Erbauens entsprechen. Diese Nummern wurden in Verbindung mit Buchstaben auch bei der Zuordnung der einzelnen Flurstücke eingesetzt. So war z. B. das Stück Nr. 4D auf *Norder Dickackrum* als Eigentum Boh Nahmens zugesprochen worden, der im Haus Nr. 4 wohnte.

Tab. 9 Erste Eigentümer der Gemarkung Hedehusum von 1801

1. Jürgen Hayen Witwe	11. Volkert Lorentzen
2ª Jung Rörd Peters	12. Knudt Bohn
2ᵇ Hay Peters	13. Rörd Peters
3. Hay Rörden	14. Früd Früdden Witwe
4. Boh Nahmens	15. Nickels Jung Rörden Witwe und Hinrich Nickelsen
5. Nickels Knudten Witwe	
6. Brar Nahmens	16. Hinrich Nickelsen
7. Oluf Nahmens Witwe	17. Nickels Marcsen
8. Peter Matzen	18. Ketel Rörden Witwe
9. Lorenz Ocken	19. Muel Olufs
10. Ocke Jürgens	20. Hinrich Knudten

Das Ergebnis der Vermessung wurde in einem Erdbuch niedergelegt, das nicht nur der Dokumentierung der neuen Eigentumsrechte diente, sondern vor allem die Grundlage war für die Besteuerung ab 1802.

Die Ausdehnung landwirtschaftlicher Ländereien wird heute in Hektar bemessen. Danach umfaßten die neu vermessenen Flächen des Dorfes insgesamt 121,680 ha, keine große Fläche, die sich noch verringerte durch Wasserläufe, Wege u. a., wie in der folgenden Tabelle angeführt.

Im Vergleich dazu war die Utersumer Feldmark 390,521 ha groß, also mehr als das Dreifache, und für Witsum ergab sich eine Fläche von etwa 160 ha. Der Begriff Bonité in der Tabelle weist darauf hin, daß die Ländereien nicht nur hinsichtlich ihrer Größe (Quantité) berücksichtigt wurden, sondern daß auch ihre Qualität (Bonité) angegeben wurde. Diese unterschiedliche Güte des Bodens legte man fest durch jeweils einen Vergleich mit einem sehr guten Stück Land der Feldmark, für das man damals 24–28 Schilling/Demat zahlen mußte. Für die Bonitierung wurde also „ein Demat Stammland im Dorfe ... zu 24 Schilling bestimmt und danach die übrigen Ländereien geschätzt, so daß dieselben nach Verschiedenheit ihrer Güte herunter zu 2 Schilling und hinauf zu 26–28 Schilling angesetzt wurden."[30]

Tab. 10 Gemarkung Hedehusum nach der Landumlegung 1801[31]

Art der Ländereien	Quantité		Bonité	
	Demat	qRuten	Demat	qRuten
Wiesenland	17	46½	9	112
Ackerland	81	30½	33	56
Gräsungsland	155	111½	47	176¼
Summe	254	8½	74	168⅔
Darunter: für die Unvermögenden, zur Verbesserung der Wege, Mere (Wasser), Täfelmere (Wasser), Wege, Wasserläufe, Vorland	44	16½	1	33½

Umrechnung:
1 Demat = 180 Quadratruten = 4789,54 Quadratmeter
1 Quadratrute = 81 Quadratellen = 26,61 Quadratmeter

Die Bonitierung spielte bei der Landzumessung und späteren Besteuerung eine wichtige Rolle, denn „jeder Eingesessene bekam seinen Anteil zu Demat und Ruten berechnet nach dem Verhältnis seiner Anzahl Beltringe zu der des ganzen Dorfs und nach dem Verhältnis der Güte des ihm nach dem Los zugefallenen Anteils".[32] Die 20 Eingesessenen, von denen 18 über Beltringe verfügten, erhielten also nicht nur deshalb eine unterschiedlich große Landfläche zugewiesen, weil die Anzahl ihrer Beltringe verschieden groß war, es spielte dabei auch die Güteklasse des Bodens eine Rolle.

Diese Art der Berechnung und Zuteilung, die von dem Landmesser und seinen beiden Regulierungsmännern vorgenommen wurde, fand keineswegs die Zustimmung aller Landinteressenten. Dies wird verständlicher, wenn man weiß, daß die beiden beratenden Regulierungsmänner Lorentz Ocken mit 12 Demat und Jung Rörd Peters mit 9 Demat anscheinend viel Land als Eigentum erhielten, während andere, wie Volkert Lorentzen mit 4 oder Knudt Bohn mit nur 1,5 Demat, sich offensichtlich benachteiligt fühlten. Bei einer Versammlung am 10. Dezember 1801 meldeten deshalb der Schiffer Peter Matzen, obwohl er selbst immerhin 10 Demat erhalten hatte, und die Seefahrer Volkert Lorentzen und Knudt Bohn lauten Protest an, indem sie den drei Beauftragten vorwarfen, „schelmisch bonitiert und nach Gunst und Gaben gehandelt"[33] zu haben. Landmesser Lund erstattete daraufhin Anzeige. Es kam schon vier Tage später zu einer Polizeiverhandlung, bei der die Hedehusumer Störenfriede lt. Protokoll geständig waren und bestraft wurden. Peter Matzen, offenbar der Rädelsführer, mußte 5 Reichsthaler, Volkert Lorentzen und Knudt Bohn je 2½ Reichsthaler Strafe zahlen.

Über 150 Jahre blieben die damals erarbeiteten Daten maßgebend für amtliche Erhebungen, ehe um 1960 mit einer Flurbereinigung neue Maßstäbe gesetzt wurden.

Entwicklung in der Landwirtschaft

Wie aus dem vorigen Kapitel ersichtlich ist, bot die gemeinschaftliche Nutzung der zur Verfügung stehenden Feldmark vor der Landaufteilung den meisten Familien in Hedehusum nur ein kleines sicheres Auskommen, vor allem die Grundlage der täglichen Ernährung für die eigenen Angehörigen. Mehrfach ist schriftlich bezeugt, daß viel mehr Gänse gehalten wurden. Aus den behördlichen Anordnungen des 17. und frühen 18. Jahrhunderts läßt sich ersehen, daß die Gänse, die ja Eigentum einzelner Dorfbewohner waren, großen Schaden auf dem gemeinsam genutzten Grasland und auch in der bestellten Feldmark anrichteten. Dafür wurden empfindliche Geldstrafen verhängt und angeordnet, Gänse z. B. auf Osterlandföhr nur auf bestimmten Ländereien außerhalb des Deiches zu halten.

Trotz dieser und ähnlicher behördlicher Hinweise ist es häufig zu Streitigkeiten und Schadensauseinandersetzungen gekommen. Gänse sind wachsame und kluge Tiere, in größerer Anzahl lassen sie sich schwer hüten, und wenn man davon ausgeht, daß doch wohl Kinder zum Hüten bestellt wurden, war der Streit mit den Nachbarn gewissermaßen vorprogrammiert.

Überschüsse, die man hätte auf den Markt bringen können, ließen sich nicht erwirtschaften. Es mußte im Gegenteil Korn vom Festland importiert und auch Schlachtvieh in den benachbarten Kögen gekauft werden.[34] Wiederholt wurde während der Sommermonate der Kuhmist (fö. *schaas, -en*) von der Weide gesammelt und getrocknet. Er wurde auf der baum- und straucharmen Insel als Brennmaterial benötigt, wodurch allerdings eine natürliche Bodenaufbesserung weitgehend unterblieb. Gerade auf einem Geestboden von so leichter Qualität wie in der Gemarkung von Hedehusum wäre der natürliche Dünger dringend notwendig gewesen. An diesen Kuhfladen hatten übrigens sämtliche Bewohner des Dorfes Anteil, auch diejenigen, die kein Vieh besaßen. Der Mangel an natürlichem Dünger wurde dadurch noch vergrößert.

Die nebensächliche Rolle der Landwirtschaft wurde mit der Landumlegung in den Jahren zwischen 1799 und 1801 jedoch beendet. Sämtliche alten Verordnungen verloren damals ihre Gültigkeit. Daß sich gegen die Aufteilung und die damit verbundenen Neuerungen Widerstand erhob, wurde bereits angedeutet. Andererseits förderte die Eigentumsbildung das Interesse für die Landwirtschaft. Neue Bearbeitungsmethoden und Geräte kamen zur Anwendung, die Wege mußten befestigt und die zugeteilten Fennen mit Gräben versehen werden. Dies waren allerdings Arbeitsvorhaben, für die sich die Hedehusumer See-

Abb. 14 Oluf Volkert Lorenzen (1796–1886) und Ehefrau Elke geb. Jensen (1797–1883), eins der ältesten Fotos aus Hedehusum (s. S. 172)

fahrer nur zögernd bereitfanden. Arbeitskräfte vom Festland waren deshalb willkommen und blieben schließlich im Dorf, wie z. B. Andreas Grumsen um 1840 und Sören Peder Pedersen um 1870, beide aus Jütland. Es dauerte Jahrzehnte, bis die Landwirtschaft in Hedehusum zur einzigen Erwerbsquelle geworden war; im Jahre 1801 verdienten 19 Männer ihren Lebensunterhalt als Seefahrer, und 1830 waren es immerhin noch sechs. Der sandige Geestboden brachte zu geringe Erträge, und zum Dorf gehörte keine übermäßig große Fläche an Beltrings- und Meedeland, so daß nur eine geringe Anzahl an Vieh gehalten werden konnte. In anderen Dörfern der Insel, vor allem auf Osterlandföhr, stellte sich der erhoffte Erfolg schon eher ein, deutlich sichtbar daran, daß landwirtschaftliche Güter zum Festland exportiert werden konnten, was vor der Landaufteilung nicht möglich war.

Noch um die Wende zum 20. Jahrhundert konnte der Lebensstandard der nunmehr 9 bäuerlichen und ganz von der Landwirtschaft abhängigen Haushalte in Hedehusum keineswegs als gut bezeichnet werden. Die Produktion für den Verkauf hielt sich in Grenzen, in erster Linie wurden die Erträge immer noch für den Lebensunterhalt der eigenen Familie verbraucht. Auf jedem Hof wurden Hühner und Enten gehalten, dazu Schafe und einige Kühe, ein oder zwei Schweine und kaum mehr als zwei Pferde. Der offizielle Viehbestand im Jahre 1902 setzte sich zusammen aus 13 Pferden, 81 Stück Rindvieh und 33 Schafen.[35]

Die Wegränder wurden als Viehweiden genutzt und von der Gemeinde gegen Entgelt jährlich verpachtet, wie im Dorfprotokoll zu lesen ist. Welche Bodenfrüchte angebaut wurden, läßt sich einer Eintragung im Protokoll von 1905 entnehmen:

Tab. 11   „Anbau Ermittelung im Jahre 1905"

Winterroggen	21,0
Sommerweizen	0,6
Sommergerste	1,8
Hafer	5,2
Kartoffeln	1,4
Wiesen	13,2
	43,2

Leider sind hinter den Zahlen weder Gewichts- noch Flächenangaben gemacht worden, so daß die angegebenen Mengen von uns nur als Verhältnisaussagen genutzt werden können. Der Boden von Hedehusum war in erster Linie also für den Anbau von Roggen geeignet.

Abb. 15 Pay Paysen, Haus Nr. 21, vor 1920 (s. S. 179)

Wenn unter diesen Aspekten nach dem Ersten Weltkrieg während der Weltwirtschaftskrise in den zwanziger Jahren unseres Jahrhunderts elf junge Männer und sechs junge Frauen, insgesamt also 17 Personen, das heimatliche Dorf verließen und nach Amerika auswanderten, ist dies ein weiterer Hinweis auf die damals schwierige Situation in der Landwirtschaft. Sie besserte sich, als nach 1931 fünf Amerika-Auswanderer nach Hedehusum zurückkehrten und ihr drüben verdientes Geld im Dorf investierten. Nähere Angaben darüber folgen im Kapitel über die Amerika-Auswanderung.

Als ganz neue Wirtschaftsform bauten Ketel Nielsen und seine Frau Inna geb. Rörden in jenen Jahren eine Hühnerfarm auf. Ihre Erfahrungen aus Petaluma in Kalifornien versetzten sie in die Lage, 1935 mit zwei Hühnerhäusern und etwa 1000 Hühnern zu beginnen. Die anfallenden Eier wurden nicht nur auf Föhr, sondern auch auf Amrum verkauft, wohin in jeder Woche eine Lieferfahrt mit Pferd und Wagen durch das Watt erfolgte. Das Ehepaar Nielsen konnte diesen später noch vergrößerten Betrieb über 50 Jahre weiterführen, ein Beweis dafür, daß auch Neuerungen mit Können, Ausdauer und Umsicht zum Erfolg führen.

Die Möglichkeiten eines weiter andauernden dörflichen Aufschwungs im Bereich der Landwirtschaft durch die Dollar-Kapitalisierung der Amerika-Rückwanderer wurde 1939 durch den Beginn des Zweiten Weltkriegs jäh unterbrochen. Während der Kriegsjahre und auch noch in dem Jahrzehnt danach stagnierte die Landwirtschaft. Wie auch in allen anderen Orten der Insel, fanden bei Kriegsende in Hedehusum mehrere Flüchtlingsfamilien aus den deutschen Ostgebieten Unterkunft. Diese lebten vielfach von der Hand in den Mund.

Tab. 12 Zahl der Einwohner

Jahr	1939	1946	1950	1960
Anzahl	58 (E)	58 (E) / 17 (F) } 75	55 (E) / 10 (F) } 65	35 (E)

E = Einheimische, F = Flüchtlinge

Erst nach der politischen Neuordnung Mitteleuropas, nach dem ersten Wiederaufbau der zerbombten Städte und nach einer gesamtwirtschaftlichen Stabilisierung der Bundesrepublik wurde durch neue agrarwirtschaftliche Bestrebungen deutlich, daß die Landwirtschaft zukunftsweisende Perspektiven bot, die in der Folge dann dahin führten, daß dieser Erwerbszweig auch in Hedehusum endlich aussichtsreich und gewinnbringend wurde.

Tab. 13 Viehbestand 1950–1967

| | Hedehusum | | | Witsum | | | Utersum | | |
	1950	1960	1967	1950	1960	1967	1950	1960	1967
Rinder, davon	149	170	276	77	91	113	433	415	546
Milchkühe	55	56	104	23	25	38	158	141	197
Schweine	68	42	241	15	13	18	28	136	429
Schafe	26	?	1	16	6	5	59	26	165
Pferde	23	4	2	12	6	0	71	10	6

Die Bestandszahlen[36] weisen bereits 1950 auf einen großen Rinderbestand hin und deuten damit die Richtung an, die später im Dorf verfolgt und weiter ausgebaut wurde. Von einem Betrieb wurde zunächst auch die Schweinezucht intensiviert, Jahre später allerdings wegen Unrentabilität wieder aufgegeben. Sehr deutlich läßt sich am Pferdestand ablesen, daß zwischen 1950 und 1960 die Motorisierung und Technisierung in der Landwirtschaft begann. Besonders auffällig ist an der Übersicht weiterhin das starke Ansteigen der Rinder- und Schweinebestände in allen drei Gemeinden zwischen 1960 und 1967.

Dies war eindeutig auf das „Programm Nord" zurückzuführen, in dessen Zuständigkeitsbereich u. a. die Flurbereinigung auf Föhr zwischen 1958 und 1962 fiel. Das Programm Nord war ein gezieltes Förderungsprogramm für agrarstrukturell benachteiligte Regionen im Rahmen des Grünen Planes, der seine gesetzliche Grundlage durch die Bundesregierung erhalten hatte. Ab 1953 wurde dies Programm auf Initiative des damaligen Ministerpräsidenten von Schleswig-Holstein, Friedrich Wilhelm Lübcke, im damaligen Landkreis Südtondern in Angriff genommen. Es wurde getragen von der im selben Jahr gegründeten Schleswig-Holsteinischen Landgewinnungs- und -erschließungsgesellschaft.

Abb. 16 Friedrich Krambeck, Haus Nr. 20, um 1925 (s. S. 157)

Die Insel Föhr war ohne Frage eine agrarwirtschaftlich benachteiligte Region. Die durch neue Bearbeitungsmethoden und Erkenntnisse mögliche Produktionssteigerung landwirtschaftlicher Erzeugnisse und ihre Absatzmöglichkeiten wurden hier stark eingeschränkt durch die Verkehrsferne der insularen Betriebe. Zudem wurde die erforderliche intensive Bearbeitung der Ländereien sehr erschwert durch die vielfältige Zersplitterung des Landbesitzes. Diese Zersplitterung war nach der Landaufteilung von 1801 zunehmend eingetreten, weil damals auf Westerlandföhr und Amrum die Erb-Realteilung nach dem jütischen Recht von 1241 bestehen blieb, d.h. im Erbfall wurde das Land einer Hofstelle unter alle Erbberechtigten verteilt. Selbst Kinder, die nach Amerika ausgewandert waren oder als Seefahrer im Ausland lebten, erhielten noch ihr Erbteil. Dies Gesetz galt uneingeschränkt bis zum Erlaß des Reichserbhofgesetzes im Jahre 1933 und wurde danach noch auf Bauernhöfe unter 10 000,— RM Einheitswert angewandt. Dies erklärt z.T. auch, weshalb sich auf der Insel hauptsächlich kleine und mittlere Betriebe herausbildeten.

Tab. 14 Größe und Zahl der Betriebe auf Westerlandföhr 1938

0,5 – 5 ha	Gesamtfläche:	81
5 – 20 ha	"	164
20 – 50 ha	"	37
	insgesamt:	282 Betriebe

Durch die 150 Jahre geübte Erb-Realteilung war zusätzlich eine ungewöhnliche Zerstückelung der Ländereien noch innerhalb der landwirtschaftlichen Betriebe eingetreten, so daß von vielen Bauern 10 km lange Wege und mehr zurückgelegt werden mußten, um an ihre entlegenen Teilstücke heranzukommen.

Diese Gründe und auch andere, wie z.B. veraltete und zu kleine Wirtschaftsgebäude, führten zu Überlegungen, die Insel Föhr in das Programm Nord einzubeziehen. Alle Hoffnungen der Verantwortlichen aber, die Föhrer Landwirte von den Vorteilen dieses Programms sofort überzeugen zu können, erfüllten sich zunächst nicht. Wie schon bei der Landaufteilung im Jahre 1801 gab es Widerstand und Abwarten, so daß erst ab 1960 die Maßnahmen des Programms Nord auf Föhr durchgeführt werden konnten. Dazu gehörten folgende umfangreiche Arbeitsvorhaben:

1. Flurbereinigung
2. Ausbau der Straßen
3. Regelung der Wasserwirtschaft
4. Anlage von Aussiedlungen
5. Rationalisierung der Betriebe
6. Küstenschutz

Wenn die Flurbereinigung für Hedehusum auch nur wenig Bedeutung hatte, bewarb sich doch Ingwert Carlsen um eine Aussiedlung aus dem Dorf und errichtete einen neuen Hof auf Wrixum-Feld. 1966/67 kam noch Gustav Martensen mit seinem Hof dazu, er blieb mit seinen neuen Gebäuden jedoch auf der Hedehusumer Gemarkung. Für eine Aussiedlung wurden die Ländereien eines Betriebes von sechs Föhrer Landwirten unter der Leitung des Kulturamtes Flensburg nach einem Gütepunktsystem geschätzt und in eine Bodengütekarte der Gemeinde eingetragen. Zu den sechs Landwirten des Schätzungsgremiums auf Föhr gehörte auch Lorenz Tönis Rörden aus Hedehusum. Die Bodengütekarten dienten als Grundlage für den Landtausch der beabsichtigten Flurbereinigung. 1961 konnte das Ergebnis dieser Schätzung von allen Landwirten eingesehen und evtl. beanstandet werden.

Abb. 17 Vorn G. Matthiesen, Haus Nr. 9 (s. S. 172),
dahinter V. Carlsen, Haus Nr. 11 (s. S. 175), um 1920

Mit dem Ausbau der *Traumstraße* von Goting nach Utersum in den Jahren 1962/63 erhielt Hedehusum eine wesentliche Verbesserung seiner Gesamtsituation, weil mit dieser Straße eine Verbindung zum bisherigen Straßennetz der Insel hergestellt wurde. Durch die zusätzliche Asphaltierung und Befestigung der Wirtschaftswege konnten die bäuerlichen Betriebe endlich an die durch die Technisierung beginnende Veränderung und Aufwärtsentwicklung der Landwirtschaft angeschlossen werden.

In vieler Hinsicht hatte auch das Anpflanzen von 25 000 Bäumchen längs der Wirtschaftswege und Flurgrenzen des Dorfes positive Auswirkungen. Die Bäume und Sträucher geben inzwischen Windschutz, helfen den Wasserhaushalt regulieren, bieten vielen Tieren Lebensmöglichkeit und gliedern die Landschaft vielfältig.

Im Jahre 1966 beschloß die Gemeinde, das kleine Gewichtshaus mit der Viehwaage zu einem Maschinenschuppen zu vergrößern, worin zunächst ein Kartoffelroder und -sortierer sowie eine gemeinschaftlich zu nutzende Dosenschließmaschine untergestellt waren. Die Beton- und Maurerarbeiten wurden als dorfeigenes Arbeitsvorhaben bei einer Stundenvergütung von 5,– DM durchgeführt. Dieser Schuppen bewährte sich in der Folgezeit sehr, als gemeinschaftlich mehrere größere Maschinen angeschafft werden konnten. Später wurde er neben seiner eigentlichen Aufgabe auch zum Mittelpunkt bei der Ausrichtung sommerlicher Dorffeste.

Nach der Durchführung aller Vorhaben aus dem Programm Nord zwischen 1960 und 1965 konzentrierten sich die bäuerlichen Betriebe im Dorf vorrangig auf die Milchviehhaltung. Durch Züchtungen verschiedener europäischer mit amerikanischen schwarzbunten Rinderrassen und neue Fütterungsmethoden konnte die Milchleistung auf über 6000 Liter je Kuh im Jahr gesteigert werden. Aber auch die Bullenmast und die Nachzucht in der eigenen Herde traten mehr und mehr in den Vordergrund. Um diese Ziele gleichbleibend zu erreichen, wurde auf Föhr als neue Futterpflanze Mais eingeführt, der bis dahin hier unbekannt war. Das erste Versuchsfeld erbrachte 1971 einen so großen Ertrag, daß sich in den folgenden Jahren die Anbauflächen für Mais geradezu sprunghaft vermehrten.

Der stark angestiegene Viehbestand erforderte natürlich eine intensive Zuwendung zur Futterpflanzenbeschaffung. Gerade die Bodenbewirtschaftung mit hohen Düngergaben und Unkrautbekämpfungsmitteln aber war es, die den Landwirten in Hedehusum zum Nachteil gereichen sollte; denn ihre Ländereien liegen größtenteils im Wasserschutzgebiet des Wasserwerks Föhr-West. Die Bodenschichten sind hier sehr durchlässig und zeigen keine abdeckenden Eigenschaften, so daß Nitrat- und Giftrückstände im Trinkwasser nachgewiesen wurden. Da der Schutz des Grundwassers von besonderer Bedeutung ist und stets Vorrang hat, waren Einschränkungen hinsichtlich der Flächennutzung unumgänglich. Behördliche Bemühungen in dieser Richtung erfolgten ab Mitte der 80er Jahre durch Ausgleichszahlungen und Einstellung des Maisanbaus, so daß es in Zukunft wohl nicht möglich sein wird, die Rinder-Monokulturen der fünf Betriebe in Hedehusum weiterhin zu vergrößern. Gerade im Bereich der Landwirtschaft wird sich aus Gründen des Umwelt- und Gewässerschutzes eine allmähliche Änderung vollziehen müssen.

Abb. 18 Herbert Petersen, Haus Nr. 2, um 1950 (s. S. 149)

Abb. 19 Die Flurnamen der Gemarkung Hedehusum (S. 67)

Abb. 19

Die Flurnamen der Gemarkung
Sprachliche Erklärungen nach Volkert Faltings

Auer eeg	entweder „auf der Seite", d. h. auf der anderen Seite von *Ban Waal* oder „oberhalb des Ufers", zu *eeg* „Seite, Ufer"
Ban sikem	„vor dem Sumpf", wörtlich: „innerhalb des Sumpfes"
Ban Waal	„vor dem Wall", wörtlich: „innerhalb des Uferwalles"
Blöögem	„bei den Blöcken"; *blook* „schmaler, gewölbter Acker"
Brüsk	wahrscheinlich „Gestrüpp" und aus dem Nordischen; vgl. norw. *brusk* „Büschel, Gestrüpp"
Heestre	„mit Gestrüpp bewachsene Fläche" (gewiß Heide), dasselbe Wort wie deutsch „Heister", plattdeutsch *heester*
Holehörn	„Bullenecke", zu *hole* „Bulle" und *hörn* „Ecke"; Land, auf dem der Dorfbulle graste oder dessen Nutzen dem Halter des Dorfbullen zukam
Huuch Blöögem	„bei den hohen Block-Äckern"
Klant	aus altdänisch *klint* „Abhang"
Letj Bemken	gewiß zusammengezogen aus *Letj Bergemken/-m* „bei den kleinen Grabhügeln" (die ältere Form ist *Letj Bergem*)
Meere	„flaches, sumpfiges Gewässer"
Metj	Verkleinerungsform von *miad* „Wiese"
Neimiad	„Neue Meede"; *miad* „Mähwiese"
Noorder Bergem	„(bei den) nördlichen Hügelgräbern" *(berig* „Hügelgrab")
Norder Dikeekrem	„(bei den) nördlichen mit einem Wall umsäumten Äckern", zu *dik* „Erdwall" und *eeker* „Acker"
Ört	„Kuppe"; eigentlich „Wurt"
Pöbertaft	wahrscheinlich „Pfeffertoft", ein aus der kommunalen Feldgemeinschaft ausgesondertes Grundstück, in der Regel zu einer Hausstelle gehörend; *pöber* „Pfeffer" im Volksmund (Schleswigs und Jütlands) für verschiedene Pflanzenarten, oft für Wasserpfeffer (Polygonum hydropiper), ein Knöterichgewächs mit scharf schmeckenden Blättern

Pool	„kleine, niedrige Anhöhe"
Ringers eekrem	vielleicht zu dem männl. Rufnamen Ringe; da aber früher ein Teil dieser Flur *Kapelans Ringers eekrem* genannt wurde und *ring* auf Föhring „Glocken läuten" bedeutet, kann es sich in beiden Fällen um ursprünglich kirchliches Land gehandelt haben, das vom Glöckner genutzt wurde. Tatsächlich ist das Land ursprünglich Kirchenfeste gewesen.
Saaltnemsguard	„eingefriedigtes, umwalltes Grundstück für das Salz" (sicher aus der Zeit des Salzsiedens)
Slaaw	„feuchtes Land"
Söler Dikeekrem	„(bei den) südlichen mit einem Wall umsäumten Äckern", zu *dik* „Erdwall" und *eeker* „Acker"
Stripler	zu *stripel* „Streifen"
Sunlun	„Sandland"
Suntjer	aus *Soontjaar* „sandige feuchte Niederung"
Swinkuuch	„Schweinekoog", *kuuch* „eingefriedigtes, aus der Feldgemeinschaft ausgesondertes Stück Land"
Teewelken	zu *teewelk* „kleines, rechteckiges Stück (Acker-)land", eigentlich „Täfelchen"
Teewelkmeere	„kleiner See an den tafelförmigen Äckern"
Tjaar	„Sumpf" aus altdänisch *kiar* „Sumpf"
Ual Doom	„alter Damm", *doom* „erhöhter, befahrbarer Weg"
Waaster Bergem	„(bei den) westlichen Hünengräbern"
Weetj	Verkleinerungsform zu *weed* „Viehschwemme (Tränke)"

Die Flurnamen sind hier in der friesischen Schreibweise aufgeführt, wie sie 1949 in der Sprachregelung für alle nordfriesischen Dialekte festgelegt und 1973 und 1980 ergänzt wurde. In alten Schriftstücken ab etwa 1650 gibt es die Westerlandföhrer Flurnamen unterschiedlich in dänischer, hochdeutscher und niederdeutscher Schreibweise, weil die friesische Sprache damals keine Schriftsprache war. Die Karte von 1801 ist auch dafür ein Beispiel.

Flurnamen sind sehr alte Bezeichnungen, die von Generation zu Generation weitergegeben wurden. Sie sollten erhalten werden, denn sie geben aufschlußreiche Hinweise auf die Beschaffenheit, Nutzung oder Zugehörigkeit der Ländereien in früherer Zeit.

Markierungszeichen bei Haustieren

Die viele Jahrhunderte auf Föhr übliche gemeinschaftliche Nutzung der Feldmark auch für das Weidevieh machte die Kennzeichnung jedes Tieres notwendig, damit es in der Herde jederzeit von seinem Besitzer erkannt werden konnte. So haben sich für diejenigen Haustierarten, die in Herden oder größerer Stückzahl die dörfliche Gemarkung als Lebensgrundlage benötigten, ganz bestimmte Markierungszeichen herausgebildet. Diese Viehmarken gehörten von alters her zu jedem Haus. Sie waren nicht an einen Familiennamen oder an eine Person gebunden und konnten nicht veräußert werden.

Die Viehmarken hatten und haben Gültigkeit auf der ganzen Insel. In neuerer Zeit wurden sie vom Merkzeichenamt Föhr festgesetzt und dort im Markebuch schriftlich niedergelegt. Das Merkzeichenamt Föhr ist eine Institution mit einer weit zurückreichenden Entwicklungsgeschichte. Es wird ehrenamtlich geführt, lag mehrere Jahrzehnte in den Händen von Newton Petersen aus Goting und wird seit 1972 von Jacob Carl Arfsten in Oldsum/Aussiedlung verwaltet.

Jeder Ort hatte früher eine Abschrift des Markebuches, und die Feldhüter der einzelnen Gemeinden achteten sorgsam darauf, daß sich auf der heimischen Gemarkung nur die dazu berechtigten Tiere aufhielten. Der Feldhüter wurde in Hedehusum von der Dorfschaft mit der Wahrnehmung dieser Aufgabe beauftragt und dafür jährlich entlohnt. Offenbar war dieser kleine Nebenverdienst keineswegs zu verachten, sonst hätte man sich z. B. nicht in einer Dorfversammlung am 14. April 1861 ausführlich damit beschäftigt und sich dabei sogar um soziale Gerechtigkeit bemüht. Jung Rörd Rörden, der die Versammlung als Dorfvorsteher leitete, notierte darüber folgenden Beschluß im Protokollbuch: „Der größte an Demathtall ist Boh Rörden er hat 20¼ Demath Bonite. Er erhält keine vergütung als Feldhüter. Die ander bekummen für jede fehlende Demath bis 20¼ Demath 10 Schilling Reichsmünße aus der Dorfskasse wenn sie das Jahr über Feldhütter gewesen sind."

Diese Entlohnung erhöhte sich allerdings noch durch das Entgelt (fö. *skothaagjil),* das von den Besitzern entlaufener Tiere bei deren Abholung aus dem Schüttkoben (fö. *skothaag)* zu zahlen war. Dort wurde das herrenlose Vieh vom Feldhüter eingetrieben und der Besitzer benachrichtigt. Da, wo heute in Hedehusum der Geräteschuppen steht, befand sich ehemals der Schüttkoben. Er wurde gegen Ende des Zweiten Weltkrieges überflüssig, ein entlaufenes Tier wird seither sogleich dem Besitzer gemeldet und von ihm vor Ort abgeholt.

Die auch heute noch am häufigsten durchgeführten Markierungen sind die Ohrmarken bei Rindern und Schafen und die Fußmarken bei Enten. Die Entenmarken sind Einschnitte in die Schwimmhäute und die Nebenschwimmhäute, die sich an den inneren Zehen jedes Fußes befinden. Gerade die Füße beim Wassergeflügel haben im übrigen in ihren Einzelteilen differenzierte friesische Benennungen[37], die hier aber außer acht bleiben; wir betrachten allein die Markierungen. Jeder Einschnitt in die Schwimmhäute hat die Bedeutung eines Buchstabens. Das Merkzeichenamt Föhr weist in einem alten Faltblatt darauf hin, daß in den Hauptschwimmhäuten scharf zu unterscheiden ist zwischen Linksschnitt, Mittelschnitt und Rechtsschnitt, während in den Nebenschwimmhäuten Vorder- und Hinterschnitt unterschieden werden.

Tab. 15 Föhringer Entenmarkensystem, Füße von oben gesehen

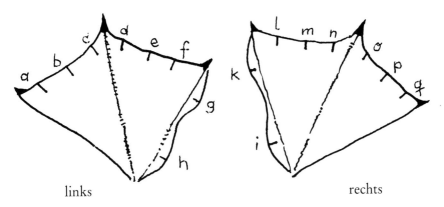

Föhringer Benennung	linker Fuß	rechter Fuß
wenster bütjsplat	a	o
madelbütjsplat	b	p
rochter bütjsplat	c	q
wenster bansplat	d	l
madelbansplat	e	m
rochter bansplat	f	n
föör uun't kwertje	g	k
beeft uun't kwertje	h	i

Weil auf Föhr Füchse nicht beheimatet sind, können die Mutterenten mit ihren Jungen nach der Markierung in den Marschgräben der Dorfgemarkung ausgesetzt werden. Teilweise geschieht dies sogar außerhalb der Reichweite der Hofstelle, so daß die Enten ohne Fütterung und Schutz durch den Menschen heranwachsen, eine Methode, die ebenso arbeits- wie auch kostensparend ist. Wo die Wirtschaftsgebäude nicht zu weit entfernt sind, kommen die Tiere abends zum Übernachten zurück. Allerdings versuchen Silbermöwen und Rohrweihen, die jungen Entenküken zu überlisten, meist jedoch vergebens. Im Herbst können die erwachsenen Enten dann nahezu vollzählig an den Hof herangeholt und von Hand schlachtreif gefüttert werden.

Das Halten von Hausenten nach dieser althergebrachten Methode ist in der Godelniederung vor Hedehusum im letzten Jahrzehnt fast zum Erliegen gekommen, ein Zeichen des allgemeinen Wohlstands. Die letzte Liste des Dorfes im Markebuch enthält noch folgende Entenmarken:

Tab. 16 Fußmarken für Enten in Hedehusum

alte Haus-Nr.	Besitzer	Fußmarke
23	Tönis Rörden	b l n
20	Friedrich Krambeck	d k q
17	Sören Pedersen	d h i
11	Volkert Carlsen	a d h
9	Gustav Matthiesen	h l o
8	Lorenz Lorenzen	a b k
1	Hans Schultz	c

In ähnlicher Art und Weise, nämlich durch kennzeichnende Einschnitte, haben sich Merkzeichen für das Gräsungsvieh entwickelt. Es sind Einschnitte in die Ohrmuscheln, die ebenfalls vom Merkzeichenamt Föhr festgelegt wurden und neben Industriemarken auf der ganzen Insel Gültigkeit haben. Jedes so gekennzeichnete Stück Vieh kann nach dem Entlaufen einwandfrei identifiziert werden.

Diese Markierungen erhalten Rinder und Schafe, während Pferde davon ausgenommen sind, selbst wenn mehrere von ihnen gemeinsam auf einer Weide gehalten werden. Pferde werden als Einzeltiere angesehen, tragen Rufnamen und lassen sich an weiteren sehr individuellen Merkmalen unterscheiden. Solche Kennzeichnung des Weideviehs nach einem genauen Markierungssystem, das auf einer langen historischen Entwicklung beruht, gibt es auf Sylt und Amrum nicht. Diese bemerkenswerte Tatsache kann als Hinweis dafür genommen werden, wie sehr die See den Kontakt zum Austausch praktischer Alltäglichkeiten zwischen den einander nahen Inseln früher behinderte.

Tab. 17 Föhringer Ohrmarken für Gräsungsvieh,
Ohren von hinten gesehen

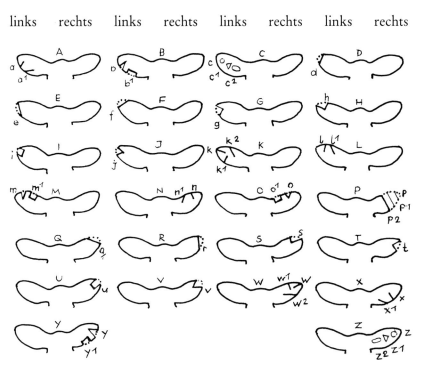

Tab. 18 Ohrmarken in Hedehusum 1945

alte Haus-Nr.	Besitzer	Ohrmarke
23	Tönis Rörden	a k
21	Pay Paysen	a^1
20	Friedrich Krambeck	b d w x ; a n
17	Sören Pedersen	b b p x ; d p x
11	Volkert Carlsen	x
9	Gustav Matthiesen	a d q
8	Lorenz Lorenzen	d
2	Herbert Petersen	k
1	Hans Schultz	w z
–	Conrad Rörden	k^1 p
–	Ketel Nielsen	l v
4	Jan Petersen	l^1

Gegenwärtig werden Ohrmarken beim Gräsungsvieh noch auf den fünf Höfen angewandt, die im Dorf Landwirtschaft betreiben.

Tab. 19 Ohrmarken in Hedehusum 1985

neue Haus-Nr.	Besitzer	Ohrmarke
Poolstich 9	Gustav Martensen	a d q
Traumstraße 48	Julius Ganzel	a n
Traumstraße 54	Harald Rörden	k^1 p
Traumstraße 58	Nickels Nielsen	l v
Traumstraße 41	Herbert Petersen	k

Die Ohreneinschnitte hatten früher wörtliche Benennungen, sie wurden im 20. Jahrhundert durch Buchstaben ersetzt.

Tab. 20 Frühere und jetzige Bezeichnung der Ohrmarken

frühere friesische Benennung	jetzige Buchstabenbenennung	
	linkes Ohr	rechtes Ohr
beeftlensköör	a	x
beeftlensköör efter 't hood	a^1	x^1
beeftlaap	b	y
beeftfjauerkant	b^1	y^1
hool	c	z
auerstüwert	d	p
beeft snept	e	r
föör snept	f	q
beeftrastling	g	t
föörrastling	h	s
madelrastling	i	u
farkt	j	v
ütjrast	k	w
beeft ütjrast	k^1	w^2
föör ütjrast	k^2	w^1
föörlensköör	l	n
föörlensköör efter 't hood	l^1	n^1
föörlaap	m	o
föörfjauerkant	m^1	o^1

Ohrmarken sind, genau wie Entenmarken, ursprünglich fest an Haus und Hof gebunden und bleiben es auch bei Besitzerwechsel. Landwirte von neu errichteten Höfen, wie z. B. bei den Aussiedlungen, konnten ihre alten Viehmarken nur dann mitnehmen, wenn die im Dorf zurückgelassenen Gebäude nicht mehr landwirtschaftlich genutzt wurden. In Hedehusum ist Gustav Martensen ein Beispiel dafür. Aus dieser Verfahrensweise entwickelte sich zunehmend die Gewohnheit, die Viehmarken bei den Besitzern zu belassen, wie es heute vom Merkzeichenamt Föhr allgemein gehandhabt wird, und nicht mehr allein bei den Häusern.

Auswanderung nach Amerika

Um 1800, am Ende der für Föhr so bedeutungsvollen Grönlandfahrerzeit, bestand Hedehusum aus 20 Häusern mit 78 Bewohnern. Die Landumlegung von 1799–1802, mit der von Amts wegen eine grundlegende wirtschaftliche Veränderung und Neuordnung auf Westerlandföhr angestrebt wurde, um den drohenden Niedergang nach der Walfangzeit abzuwenden, hatte im Dorf nicht den erhofften Erfolg. Es kam nämlich nicht zu der gewünschten intensiveren Zuwendung der Bewohner zur Landwirtschaft. Unwillen und Unkenntnis sowie die Verkehrsferne des Dorfes an der Südküste der Insel spielten dabei ebenso eine Rolle wie die zu geringe Fläche an Acker- und Gräsungsland in der Gemarkung, die damals noch zu 45 % aus Heideland bestand, wie schon gesagt. Für junge Familien gab es also wenig Anreize, im Dorf zu bleiben, so daß etliche junge Leute in andere Inselgemeinden zogen, während mehrere ehemalige Grönlandfahrer versuchten, auf Handelsschiffen unterzukommen. Diese Entwicklung macht folgende Übersicht deutlich:

Tab. 21 Veränderung der Sozialstruktur 1801–1830

Jahr	Anzahl d. Häuser	Einwohner	Seefahrer	Landmann	Handwerker	Arbeiter	Kinder bis 15 J.
1801	20	78	19	0	1	0	28
1830	13	55	6	4	1	1	18

Es fällt auf, daß innerhalb nur einer Generation ein starker Rückgang der Bevölkerung um etwa 30 % erfolgte, dazu eine Verringerung der Wohnhäuser von 20 auf nur noch 13. Die verlassenen Häuser verfielen und wurden schließlich abgebrochen. Durch diesen Schrumpfungsprozeß begann eine bemerkenswerte Umschichtung in der Sozialstruktur des Dorfes, deren ganze Auswirkung aber erst gegen Ende des Jahrhunderts sichtbar wurde.

Um 1870 war die Zahl der Bewohner auf 47 zurückgegangen, und es gab nur noch etwa den dritten Teil der Kinder von 1801 in Hedehusum. Im Jahre 1900 schließlich wurden nur noch 10 Häuser bewohnt, zwei darunter von ledig gebliebenen Frauen, damals 65 und 71 Jahre alt. Keiner der Männer fuhr mehr zur See, alle versuchten sich endlich mit mehr oder weniger Erfolg in der Landwirtschaft. Lediglich zwei junge Familien lebten noch mit der Elterngeneration zusammen, das Dorf war überaltert, Ärmlichkeit breitete sich aus, und die Dorfgemeinde schien dem Verfall entgegenzugehen.

Tab. 22 Veränderung der Sozialstruktur 1870—1900

Jahr	Anzahl d. Häuser	Ein- wohner	See- fahrer	Land- mann	Hand- werker	Ar- beiter	Kinder bis 15 J.
1870	13	47	3	8	0	2	9
1900	10	44	0	8	0	2	11

In dieser für Hedehusum so kritischen Phase liegen die Anfänge der Auswanderung nach Amerika. Es waren für die Dorfbewohner also zunächst existentielle Gründe, die bestimmend dafür wurden, über den großen Teich zu ziehen, wo seit 1848 in Kalifornien und Alaska Gold gefunden wurde. Aber nicht Glücksrittertum, sondern ein aussichtsreiches Fortkommen und gute Verdienstmöglichkeiten veranlaßten die Menschen dazu, die Insel zu verlassen. Drüben waren die Voraussetzungen für den Beginn einer neuen Lebensbahn z. T. in der Tat außerordentlich günstig. So bekamen Einwanderer in Kalifornien Land bis zu 300 acres (= 121,41 ha) als Schenkung zugeteilt, wenn sie es urbar machen wollten.

Nach dem deutsch-dänischen Krieg von 1864 und der Eingliederung der Insel Föhr in den preußischen Staatsverband wurde der Druck zur Auswanderung bei den jungen Männern aber dadurch noch erheblich vergrößert, daß am 16. April 1867 die allgemeine Militärdienstpflicht eingeführt wurde. Sie umfaßte damals drei Jahre, und bei ihrer Einführung wurden auf Föhr sogleich die Geburtsjahrgänge 1844, 1845, 1846 und 1847 zum Militärdienst einberufen. Nach der aktiven Dienstzeit war es den Reservisten für weitere vier Jahre untersagt, den preußischen Staatsverband zu verlassen. Unter dänischer Oberhoheit waren die Inselfriesen durch einen königlichen Erlaß von Christian VI. seit 1735 militärdienstfrei gewesen und nur im Kriegsfall zur Marine eingezogen worden, so daß sie ungehindert ihren beruflichen Weg verfolgen konnten. Kein Zweifel, daß die dreijährige preußische Militärdienstpflicht mit ihrer vierjährigen Folgezeit nicht nur als unbequem angesehen, sondern auch gefürchtet wurde. Sie war nachgewiesenermaßen sogar die Motivation zur Auswanderung bei Familien mit mehreren unmündigen Söhnen.

Als Zeugnis für diese Entwicklung soll ein Schreiben des Gemeindevorstehers A. J. Arfsten aus Wrixum vom 6. Juni 1872 angeführt werden, in welchem dieser der Königl. Landvogtei von Osterlandföhr mitteilte[38], „... daß in der Gemeinde Wrixum im Jahre 1872 19 Personen ausgewandert sind. Darunter eine Familie aus 8 Personen mit ein Vermögen von 12 000 Thr, eine Familie von 4 Personen die ihr Haus für 320 Thr gekauft hatten und jetzt wieder für 150 Thr verkauften... Außerdem sind noch 17 ausgewandert seit dem Jahr 1863 bis 71 die wegen Militärpflicht wohl schwerlich wieder zurückkehren, und 10 aus dem Arbeitsstande theils rüstige Männer und junge Mädchen, und es steht zu erwarten, daß sie auch die Söhne nachziehen um sie vom Militärdienst zu befreien..."

Aus Hedehusum verließ der erste nachweisbare Auswanderer am 8. Juni 1867 den Hamburger Hafen, wie aus einer Passagierliste ersichtlich ist. Es war Peter Matthiessen (AL Nr. 1)*, der 16jährige Sohn eines Seefahrers. Er hatte zwei ältere Schwestern, von denen wiederum die ältere unverheiratet bei den Eltern im Hause lebte. Diese Familiensituation und die spätere Militärdienstpflicht haben zu seiner Auswanderung beigetragen.

Ihm folgte mehrere Jahre später der verheiratete Jürgen Friedrich Carstens mit seiner Familie (AL Nr. 2–5). Carstens war aus Bredstedt als Arbeiter nach Westerlandföhr gekommen, hatte Gardina Christina Olufs aus Hedehusum im Jahre 1857 geheiratet und mit ihr und den beiden Kindern in ihrem Elternhaus gelebt. Es war ihm offenbar nicht möglich, seine Familie mit seiner Arbeit und dem kleinen Landbesitz seiner Frau zu ernähren, so daß die Auswanderung nach Amerika betrieben wurde, nachdem im Jahre 1869 beide Eltern von Gardina im Abstand von wenigen Monaten verstorben waren. Sohn Nanning entkam dadurch der Militärdienstpflicht.

Im Jahre 1877 ging dann Hinrich Emil Grumsen (AL Nr. 6) unmittelbar nach seiner Konfirmation im Alter von 15 Jahren nach Kalifornien. In San Francisco heiratete er später eine Amerikanerin, mit der er nach der Geburt ihres ersten Kindes nach Hedehusum zurückkehrte, um hier etwa 10 Jahre lang als Landmann zu leben. Während dieser Zeit wurden vier weitere Kinder geboren. Um 1895 aber gingen Hinrich Emil Grumsen und seine Ehefrau mit ihren fünf Kindern nach Amerika zurück. In den 10 Jahren ihres Aufenthaltes in der Heimat hatte die Familie von Hinrich E. Grumsen engen Kontakt zur Familie seiner Schwester Tomine Christine, die mit dem gebürtigen Dänen Sören Peder Pedersen verheiratet war. Dies Ehepaar hatte neun Kinder, von denen drei im Kindesalter verstarben. Von den lebenden sechs Kindern folgten vier Söhne und eine Tochter später ihrem Onkel Hinrich Emil nach Amerika (AL Nr. 7–11).

---

* AL = Auswandererliste Seite 86

Waren es aus dem kleinen Dorf mit diesen 11 Auswanderern zunächst auch nur wenige, die der Hoffnung auf bessere Lebensmöglichkeiten folgten oder dem Militärdienst entgehen wollten und nach drüben gingen, allmählich erweiterte sich die anfänglich schmale Verbindung zu einem festen und dauerhaften Band zwischen den Insulanern diesseits und jenseits des Atlantiks, das inzwischen über mehr als 100 Jahre Bestand hat und zu keiner Zeit unterbrochen wurde. Nationale und internationale, wirtschaftliche und politische Ereignisse hatten im Laufe der Zeit erheblichen Einfluß auf das Ausmaß dieser Auswanderung der Inselfriesen nach Amerika, so daß sich in unserem Jahrhundert drei starke Wellenbewegungen feststellen lassen[39], die auch in dem kleinen Dorf spürbar wurden,

   die erste zwischen 1900 und 1914,
   die zweite zwischen 1921 und 1933,
   die dritte zwischen 1950 und 1960.

Die beiden Weltkriege waren naturgemäß starke Einschnitte in der Wanderungsbewegung. In Hedehusum war die letzte Welle nach dem Zweiten Weltkrieg am stärksten, wie dies die Liste der Auswanderer belegt, während es andernorts im allgemeinen die Welle zwischen 1921 und 1933 war.

Auch aus den anderen Dörfern des Kirchspiels St. Laurentii hatte im Laufe der Jahre ein unablässiger Strom von Auswanderern eingesetzt. Lorenz Braren, der große Heimatforscher, konnte in seinen Geschlechterreihen für die Zeit von 1862 bis 1922 im Kirchspiel insgesamt 542 Auswanderer nachweisen. Die Mehrzahl von ihnen gab als Ziel bei der Ausreise New York an oder auch nur Amerika, lediglich 55 Männer und 12 Frauen unter ihnen wollten nach Kalifornien. Die Bevorzugung von New York als Auswanderungsziel durch die Westerlandföhrer einerseits, andererseits aber von Kalifornien durch Osterlandföhr und Wyk ist eine Tatsache, die zunächst wohl begründet war in der ehemaligen politischen Teilung der Insel. Nachdem im Jahre 1867 der Anschluß an Preußen erfolgt war, blieb es dann weiterhin dabei, weil Verwandte und Bekannte sich gegenseitig nachholten und in Amerika unterstützten. Außerdem hatten die Agenten, die auf Föhr die Überfahrt vermittelten, ihre festen „Entsendegebiete", bei denen sie auch blieben. Die Auswanderer aus Hedehusum mit dem überwiegenden Zielort New York bestätigen eindrucksvoll diese Feststellung. Heute verwischen sich die beiden Zuordnungsregionen.

Welche große Bedeutung die Auswanderung nach Amerika innerhalb weniger Jahrzehnte in der Bevölkerung und in den Familien erlangte, unterstreicht die zahlenmäßige Aufstellung der Schulentlassungsjahrgänge von 1882–1951 des Schulverbandes Utersum durch den Lehrer Hinrich Cornelius Hinrichsen, der von 1929–1938 Lehrer in Utersum war. Der Schulverband umfaßte die Dörfer Utersum, Groß Dunsum (bis 1908 auch Klein Dunsum) und Hedehusum.

Tab. 23 Schulentlassungen im Schulverband Utersum[40]

Entlassungs-jahrgang	entlassen wurden			nach den USA			nach den USA und zurück		
	Knaben	Mädchen	gesamt	Knaben	Mädchen	gesamt	Knaben	Mädchen	gesamt
1882–1891	19	21	40	7	4	11	3	–	3
1892–1901	25	16	41	9	2	11	3	–	3
1902–1911	21	19	40	6	1	7	4	3	7
1912–1921	33	21	54	13	9	22	4	2	6
1922–1931	27	34	61	7	5	12	3	5	8
1932–1941	22	19	41	1	2	3	2	–	2
1942–1951	24	24	48	8	6	14	2	2	4
1882–1951	171	154	325	51	29	80	21	12	33

Aus dieser Übersicht läßt sich ablesen, daß aus der Gesamtzahl aller schulentlassenen Knaben der oben angegebenen Jahrgänge etwa 30 % nach Amerika auswanderten und nicht mehr nach Föhr zurückkamen. Nimmt man die späteren Rückwanderer dazu, waren es sogar 42 %, die unmittelbar nach der Schulentlassung in die USA gingen! Von den Mädchen dieser Jahrgänge verließen 19 % die Insel ohne Wiederkehr, zuzüglich der später Zurückkehrenden waren es bei ihnen immerhin auch 27 %.

Es versteht sich von selbst, daß diese Jugendlichen drüben von den Verwandten aufgenommen und bei der Berufsfindung unterstützt wurden. In vielen Fällen waren sie auch erste Arbeitgeber, bei denen dann das vorgestreckte Fahrgeld abgearbeitet wurde. Wie unsere Auswandererliste zeigt, hat bei den Inselfriesen im Zielraum New York beruflich eindeutig der Delikatessenhandel überwogen. Dieser Berufszweig wurde schon in den ersten beiden USA-Einwanderungswellen in den „Fancy Groceries" bevorzugt als beruflicher Beginn angenommen und blieb auch nach dem Zweiten Weltkrieg für die meisten die Basis für den beruflichen Ein- und Aufstieg. Die selbständige Tätigkeit als Einzelhändler im Delikatessengeschäft kam den Auswanderern aus dem Raum von Westerlandföhr in ihrer realitätsbezogenen Lebenshaltung

Abb. 20 Amerika-Auswanderer auf „S. S. Resolute, Panama" im Jahre 1923 (Frauen mit Geburtsnamen), der Kapitän des Schiffes war Wilhelm Arfsten aus Alkersum

sehr entgegen, einmal wegen der anfänglichen Sprachenbarriere, zum anderen, weil die eigenen Familienmitglieder bei der Herstellung und dem Verkauf der Delikatessen mithelfen konnten.

Die Familie Schultz (AL. Nr. 12–30), in Hedehusum seit 1897 ansässig, ist dafür ein gutes Beispiel. Sie stellte Auswanderer in allen drei

Wellen unseres Jahrhunderts, und zwar drei Geschwister zwischen 1900 und 1914, fünf weitere Geschwister zwischen 1921 und 1933, und schließlich, in der dritten Welle zwichen 1950 und 1965, weitere elf Familienmitglieder. Alle 19 Auswanderer gingen nach New York, wo sie anfänglich oder auch endgültig im Lebensmittelhandel tätig waren oder noch sind.

Kalifornien als Auswanderungsziel war unter den Bewohnern von Hedehusum eine seltene Ausnahme. Im Grunde waren es nur drei Fälle, wobei in zweien nachweisbar wiederum familiäre Bindungen dafür maßgebend waren. In einem von diesen ging Andreas Peder Pedersen (AL Nr. 7) zu seinem Onkel Hinrich Emil Grumsen (AL Nr. 6) nach Kalifornien, im zweiten folgte Inna Therese Rörden (AL Nr. 43) ihrem Verlobten Ketel Julius Nielsen (AL Nr. 42) nach Petaluma/Kalifornien. Letzterem war im Jahre 1922 ebenfalls von seinem Onkel die Überfahrt nach Amerika und der Start in Petaluma ermöglicht worden. Nachdem Ketel und Inna geheiratet hatten, begannen sie 1931 mit 1000 Hühnern ihre selbständige Erwerbstätigkeit als Hühnerfarmer, die sie bereits ein Jahr später auf 5000 Hühner steigern konnten.

Die Entfernung von Föhr nach Kalifornien ist etwa doppelt so weit wie die nach New York. Für die Auswanderer bedeutete dies, daß Besuchsreisen zur Heimatinsel seltener als von New York aus waren, wodurch die gefühlsmäßige Abnabelung von der Heimat endgültiger vor sich ging. Die Integration in die neuen Lebensverhältnisse Kaliforniens sowie in die dortigen staatlichen und gesellschaftlichen Gegebenheiten wurde positiv gesehen und intensiv betrieben. Dazu mag auch die vorwiegende Beschäftigung als Farmer beigetragen haben, so daß auf Westerlandföhr kaum Rückwanderer aus Kalifornien verzeichnet werden können. Die Eheleute Ketel und Inna Nielsen (AL Nr. 42, 43) gehören auch hier zu den wenigen Ausnahmen. Sie kamen 1934 mit ihrem inzwischen dort geborenen Sohn Nickels (AL Nr. 44) trotz ihrer florierenden Hühnerfarm aus Petaluma nach Hedehusum zurück. Als Begründung der Rückwanderung nannte Inna die starke Heimatbindung und ihren heimatlichen Familienzusammenhalt.

Die riesige, hektische, pulsierende Weltstadt New York hat die ankommenden nordfriesischen Auswanderer gefühlsmäßig stärker auf Distanz gehalten als Kalifornien, früher noch mehr als in der Mitte unseres Jahrhunderts. Zu groß war der Unterschied zwischen dem dörflichen Charakter des kleinen Herkunftsortes und den endlosen Häuserschluchten der uferlosen Großstadt. Geradezu notwendig wurde da der verwandtschaftliche Zusammenhalt und darüber hinaus ein Zusammenfinden der inselfriesischen Landsleute im Großraum New York.

Abb. 21/22 Inna Nielsen geb. Rörden auf ihrer Hühnerfarm in Petaluma/ Kalifornien

Bereits im März 1884 wurde deshalb der „Föhrer Kranken-Unterstützungsverein" in New York gegründet, der in vielfältiger Weise für den Kontakt der Auswanderer untereinander sorgte.

Wie umfangreich die im Grunde so wichtige familieninterne Dimension der Auswanderung nach Amerika war, läßt sich eindrucksvoll aus unserer Liste ablesen. Sachliche Information, ermutigender Zuspruch und hilfreiche Bekräftigung zwischen den Familienangehörigen erzeugten eine starke Bereitwilligkeit zur Auswanderung. Verwandte traten nicht nur den Behörden gegenüber als Bürgen auf, sie halfen auch, Anpassungsschwierigkeiten zu überwinden. Auf die 19 Verwandten der Familie Schultz sei hier erneut hingewiesen und auch auf die Familie Rörden, von der ebenfalls 19 Mitglieder nach Amerika gingen.

Bemerkenswert ist die Zunahme der Auswanderung in der zweiten (1921–1933) und dritten Auswanderungswelle (1950–1965). Im Jahre 1927 zählte Hedehusum 40 Einwohner, von denen 19 Personen das Dorf zwischen 1921 und 1928 verließen; das waren 47,5 % der damaligen Bewohner. Mit der dritten Welle wanderten sogar 23 Personen aus, wodurch die Einwohnerzahl im Jahre 1960 bis auf 35 zurückging, d. h. 63 % (!) der Dorfbewohner lebten in den USA, ein ungewöhnlich hoher Prozentsatz.

Die Auswandererliste läßt auch den Umfang der Rückwanderung erkennen, die während bzw. nach den drei Auswanderungswellen unterschiedlich groß war. Nach der ersten gab es lediglich zwei befristete Versuche (AL Nr. 8, 10), während sich aus der zweiten Welle immerhin schon 42 % Rückwanderer feststellen lassen. Nach der dritten Welle hat Hedehusum schließlich eine Rückwandererquote von 57 % zu verzeichnen. Dies steile Ansteigen hat nichts mit etwa größer werdenden Integrationsschwierigkeiten der Auswanderer in den USA zu tun, es ist vielmehr die Folge einer veränderten Auswanderungsmotivation.

Zwischen den beiden Weltkriegen gab es nämlich in Hedehusum, wie auch in den meisten anderen Dörfern auf Föhr, für die Schulentlassenen kaum Ausbildungs- oder berufliche Möglichkeiten. Wenige Handwerksbetriebe genügten für die anfallenden Arbeiten mehrerer Dörfer, und die geringe Zahl der Lehrstellen im kaufmännischen oder Bürobereich in der Stadt Wyk wurde durch die dortigen Jugendlichen besetzt. Dazu kamen die Folgen der Inflation und der Weltwirtschaftskrise, so daß selbst zukünftige Hoferben auswanderten, um „drüben erstmal Geld zu machen", danach aber zurückzukehren. Als ab 1933 in Deutschland eine scheinbare wirtschaftliche Stabilisierung eingetreten war und Arbeitsmöglichkeiten geboten wurden, kamen o. a. 42 % der zweiten Auswanderungswelle in ihre Heimat zurück.

Zwei Ehepaare unter ihnen, Conrad Rörden mit Ehefrau Josina (AL Nr. 37, 38) und Ketel Nielsen mit Frau Inna (AL Nr. 42, 43), bauten sich 1934 neue Wohnhäuser und Stallungen, um nunmehr in der Landwirtschaft tätig zu sein. Dabei konnten letztere ihre in Kalifornien als Hühnerfarmer gewonnenen Erfahrungen weiterhin nutzen, und auch Conrad Rörden versuchte in gleicher Weise seinen Neubeginn in Hedehusum. Die Zeit in Amerika und das dort erarbeitete und zurückgelegte Geld konnte von allen Rückwanderern als Ausgangsbasis genommen werden für den weiteren Lebensweg. Die Ersparnisse der Hoferben Lorenz Tönis Rörden (AL Nr. 32), Ernst Petersen (AL Nr. 54) und Harald Krambeck (AL Nr. 49) taten ein übriges, dem Dorf eine erhebliche wirtschaftliche Stabilität zu verleihen. Der Prozeß dieser „Arbeitsrückwanderung" fand mit dem Beginn des Zweiten Weltkrieges dann seinen Abschluß.

Nach dem Kriege und in den Jahren des allgemeinen Wiederaufbaus wanderten zwischen 1950 und 1965 insgesamt 23 Bewohner von Hedehusum aus ähnlichen Motiven in die USA aus wie in den zwanziger Jahren. Dabei sind die Erfahrungen der vorhergehenden Auswanderergeneration, in mehreren Fällen handelte es sich um die Eltern, insofern von Bedeutung gewesen, als größtenteils die Rückkehr in die Heimat wiederum von vornherein eingeplant wurde, sobald es die Wirtschaftslage zulassen und ein Fortkommen auf Föhr möglich sein würde. Der damalige Umrechnungskurs zwischen Dollar und D-Mark war 1:4 und damit verheißungsvoll und erstrebenswert. Es steht außer Frage, daß die Rückwanderer, die zwischen 1960 und 1971 nach Hedehusum zurückkehrten, erneut mit ihrem erarbeiteten und ersparten Kapital wesentlich zur Veränderung der Dorfstruktur und zur wirtschaftlichen Verbesserung sowohl im Bereich der Landwirtschaft als auch im Bereich des sich allmählich ausweitenden Fremdenverkehrs beigetragen haben.

Nickels Nielsen (AL Nr. 44) und seine Frau Kerrin (AL Nr. 45) bauten einen neuen landwirtschaftlichen Betrieb auf, Harald Rörden (AL Nr. 39) und Frau Ingke (AL Nr. 40) erweiterten großzügig das Wohnhaus und die Stallungen des elterlichen Betriebes, und die Rückwanderer Joachim Panten (AL Nr. 56), Peter Schultz (AL Nr. 21), Carl Schultz (AL Nr. 24) und Christine Schultz (AL Nr. 30) mit ihren Ehepartnern errichteten neue Wohnhäuser.

Die Rückwanderer halten heute die Verbindung zu den in den USA verbliebenen Verwandten 1. und 2. Grades durch gegenseitige Besuche aufrecht, so daß weiterhin eine enge gefühlsmäßige Beziehung zwischen Insel- und Amerika-Friesen besteht, obwohl im Dorf seit zwanzig Jahren keine Wanderungsbewegung mehr stattgefunden hat. Der Aufschwung der deutschen Wirtschaft seit den sechziger Jahren mit ihrer internationalen Verflechtung trug entscheidend dazu bei, der Berufsfindung und späteren Fortkommensmöglichkeit der jungen Leute auch aus dem ländlichen Raum eine positive Perspektive zu geben. Hinzu kam der Ausbau des Schulwesens auf der Insel und damit die Möglichkeiten, qualifizierte Schulabschlüsse sowohl in der Realschule und dem Gymnasium als auch in der Berufs- und Landwirtschaftsschule zu erhalten und damit die Berechtigung zu erwerben, jede Art von Berufsausbildung überall in der Bundesrepublik aufnehmen oder fortsetzen zu können. Diese Möglichkeiten wurden von den heranwachsenden Hedehusumern vielfältig genutzt bis hin zum Universitätsstudium, so daß keine zwingende Motivation mehr zur Auswanderung besteht. Wenn gegenwärtig, d.h. im Jahre 1987, unter den insgesamt 83 Einwohnern von Hedehusum elf amerikanische Bürger sind und vier eine doppelte Staatsbürgerschaft besitzen, so ist das ein weiterer sichtbarer Ausdruck für die Weltoffenheit der kleinen Inselgemeinde und deren enge Verbindung mit Amerika, obwohl die Auswanderungsbewegung seit Jahren zum Stillstand gekommen ist.

Tab. 24 Liste der Amerika-Auswanderer von Hedehusum
(verwandtschaftliche Gruppeneinteilung)
* = Ehefrau des vorgenannten Mannes

Nr.	Zu- und Vorname	Geb. jahr	erlernt. Beruf	Ausw. jahr	Ausw. ort	arbeitet im, bei, als	Rückkehr Jahr(e)
1	Matthiessen Peter	1851	–	1867	New York	?	–
2	Carstens Jürgen Friedrich	1827	Arbeiter	~1875	?	?	–
3	*geb. Olufs Gardina Christina	1829	–	~1875	?	?	–
4	Carstens Oline Louise	1857	–	~1875	?	?	–
5	Carstens Nanning Anton	1859	–	~1875	?	?	–
6	Grumsen Hinrich Emil	1862	–	1877	Francisco	?	1884–95

Nr.	Zu- und Vorname	Geb. jahr	erlernt. Beruf	Ausw. jahr	Ausw. ort	arbeitet im, bei, als	Rückkehr Jahr(e)
7	Pedersen Andreas Peder	1879	–	~1896	Petaluma	?	–
8	Pedersen Jürgen Nickels	1880	–	~1897	New York	Deli-store	1920–22
9	Pedersen August Nicolaus	1883	–	~1899	New York	Deli-store	–
10	Pedersen Thomas Christian	1885	–	~1901	New York	Deli-store	1921–22
11	Pedersen Susanne Johanna	1892	–	~1907	New York	?	–
12	Schultz Ernst	1893	Kaufmann	~1909	New York	Candy store	–
13	Schultz Hans Hinrich	1895	Kaufmann	~1910	New York	Deli-store	1932
14	Schultz Jürgen Hinrich	1897	–	~1912	New York	Candy store	–
15	Schultz Meta Catharina	1900	–	~1922	New York	Haushalt	–
16	Schultz Leonhard	1902	Arbeiter	~1922	New York	Deli-store	–
17	Schultz Henny Helene	1906	–	~1926	New York	Haushalt	–
18	Schultz Otto Friedrich	1908	Arbeiter	~1925	New York	Deli-store	–
19	Schultz Thomas Christian	1910	–	~1926	New York	Deli-store, Farmer	–
20	Schultz Helene	1915	–	~1959	New York	Deli-store	–
21	Schultz Peter Friedrich	1916	–	1956	New York	Deli-store	1966
22	*geb. Ketels Josephine	1919	–	1958	New York	Deli-store	1966
23	Schultz Hinrich	1938	Schlosser	1958	New York	Deli-store	–
24	Schultz Carl	1940	Tischler	1958	New York	Deli-store	1972

Nr.	Zu- und Vorname	Geb. jahr	erlernt. Beruf	Ausw. jahr	Ausw. ort	arbeitet im, bei, als	Rückkehr Jahr(e)
25	*geb. Roland Marita Josine	1947	–	1965	New York	Delistore	1972
26	Schultz Gerhard	1941	–	1958	New York	Delistore	–
27	Schultz Kerrin	1942	–	1958	New York	Fleischhdlg.	–
28	Schultz Oluf	1944	–	1958	New York	Delistore	–
29	Carstensen Peter Uwe	1943	Maurer	1964	New York	Delistore	1969
30	*geb. Schultz Christine	1946	–	1958	New York	Delistore	1969
31	Rörden Heinrich Emil	1900	Schmied	1923	New York	Milchw.fahrer	–
32	Rörden Lorenz Tönis	1905	Landwirt	1923	New York	Installat., Milchwg.	1934
33	Rörden Hinrich Reinhard	1936	Landwirt	1960	New York	Delistore	–
34	Rörden Inge Theodora	1939	–	1956	New York	Delistore	–
35	Helmcke Heinz Hermann	1940	Landwirt	1963	New York	Delistore	1964
36	*geb. Rörden Johanna Josine	1941	–	1963	New York	Delistore	1964
37	Rörden Conrad Julius	1903	Schmied	1923	New York	Delistore	1933
38	*geb. Lorenzen Josina Richardina	1904	–	1928	New York	Delistore	1933
39	Rörden Harald Julius	1931	Landwirt	1950	New York	Delistore	1960
40	*geb. Wögens Ingke Tinne	1934	–	1955	New York	Delistore	1960
41	Rörden Friedr. Reinhard	1935	Zimmermann	1956	New York	Delistore	–
42	Nielsen Ketel Julius	1904	–	1922	Petaluma	Hühnerfarmer	1934

Nr.	Zu- und Vorname	Geb. jahr	erlernt. Beruf	Ausw. jahr	Ausw. ort	arbeitet im, bei, als	Rückkehr Jahr(e)
43	*geb. Rörden Inna Therese	1908	–	1927	Petaluma	Haush., Hühnerfarm	
44	Nielsen Nickels Henry	1931	Landwirt	1950	New York	Delistore	1964
45	*geb. Früchtnicht Kerrin Osine	1940	–	1959	New York	Delistore	1964
46	Krambeck Maria Margaretha	1899	–	~1922	New York	Haushalt	–
47	Krambeck Friedrich Ernst	1905	Lehrer Praep.	~1922	New York	Deli., Bäckerwagen	-
48	Krambeck Else Henriette L.	1907	–	1928	New York	Delistore	1932
49	Krambeck Harald Hans Emil	1909	Landwirt	1928	New York	Delistore	1932
50	Petersen Christina Hardina	1897	–	~1925	New York	Baugeschäft	–
51	Petersen Hinrich Eduard	1899	Elektroing.	~1923	New York	E-Werk	–
52	Petersen Carl Martin	1903	Masch.schloss.	~1922	New York	Delistore	–
53	Petersen Inge Helene	1907	–	1936	New York	Delistore	–
54	Petersen Ernst Heinrich	1912	Landwirt	1928	New York	Delistore	1931
55	Petersen Ginna Cornelia	1938	–	1957	New York	Delistore	–
56	Panten Joachim	1939	Installateur	1960	New York	Delistore	1970
57	*geb. Martensen Inge Elena	1943	–	1961	New York	Delistore	1970

Anmerkung: Bei mehreren Rückkehrjahren (Nr. 6, 8, 10) erfolgte jeweils danach die endgültige Auswanderung nach Amerika.

Das Siedlungsbild in der Veränderung

Wenn auch der Ortsname bereits im 15. Jahrhundert in einer Steuerliste vermerkt ist, gibt es aus jener Zeit des ausgehenden Mittelalters doch keinen Hinweis auf die Ausdehnung oder die Struktur des Dorfes. Erst aus den Jahren der Landumlegung zwischen 1799 und 1801 existieren zwei Karten mit zuverlässigen kartographischen Eintragungen des Landmessers Lund, deren eine (s. S. 53) die schon erwähnte in Privatbesitz in Hedehusum ist.

Aus ihr läßt sich ablesen, daß an dem Landweg, der sich zur heutigen Durchgangsstraße in Hedehusum entwickelt hat, zwischen 1600 und 1700 eine Häuserreihe entstanden war, die sich dort zweifellos wegen der Verkehrsmöglichkeiten gebildet hatte. Von diesen Häusern stehen heute noch drei. Sie gehören damit zu den ältesten Gebäuden des Ortes, denn sie lassen sich schon vor 1700 nachweisen. Im Jahre 1667 bestand Hedehusum aus sieben Häusern mit 55 Einwohnern.[41] Als der eigentliche Schwerpunkt des Dorfes ist auf der Karte aber eine Häuserkonzentration südlich dieser älteren Reihendorfsiedlung anzusehen. Sie ist dort in den Jahren zwischen 1700 und 1760 entstanden, also in der Blütezeit der Grönlandfahrt. Damals wurden acht neue Häuser erbaut, wodurch sich der neue dörfliche Schwerpunkt zusammen mit den dort bereits vorhandenen vier Häusern zu einem Haufendorf entwickelt hatte.

Ein allgemeiner Nutzen oder wirtschaftlicher Vorteil dieser Haufendorfanlage, die ohne einen zentralen Dorfplatz war, läßt sich heute nicht mehr erkennen. Sie ist in ihrer Entstehung nicht vergleichbar mit den Haufendörfern anderer Regionen wie Niedersachsen oder Hessen. Wichtig und bedeutsam könnte der Wunsch der ehemaligen Erbauer gewesen sein, durch dichtes Zusammenrücken sowohl sozialen Kontakt und gegenseitige Zuwendung zu ermöglichen als auch Schutz zu finden vor rauhen Witterungseinflüssen in einer kahlen Landschaft ohne Baum- und Strauchbewuchs. Die Hauseigner fuhren gemeinsam zur See, ihre Frauen hatten in den sommerlichen Monaten des Alleinseins den Wunsch nach Gemeinsamkeit und wohl auch nach gegenseitiger Hilfe in Zeiten der Not und der Krankheit. Schließlich wuchsen auch die Kinder in Gemeinschaft miteinander auf.

Die Karte von 1801 zeigt als Linie auch deutlich die Begrenzung des Geestkerns gegen das tiefer liegende Gräsungs- und Meedeland. Von den auf einer etwas erhöhten Geländenase liegenden Häusern, die dadurch weitgehend vor Sturmfluten sicher waren, konnte die Godelniederung mit dem dort gräsenden Vieh gut übersehen und zur Nutzung

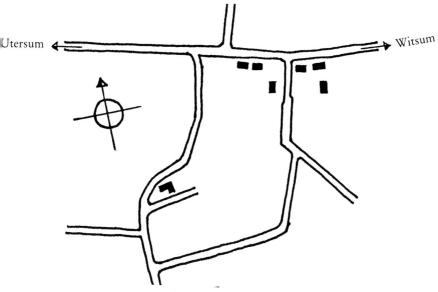

Abb. 23 Hedehusum im Jahre 1667

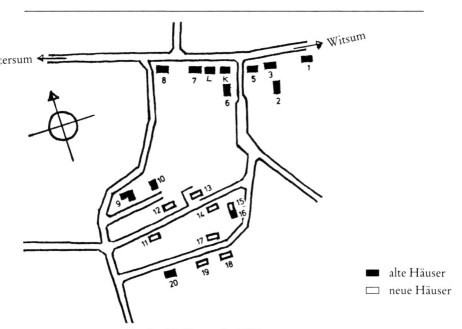

Abb. 24 Das Dorf in der Walfangzeit 1757,
         Nummern und Buchstaben um 1800 festgelegt

■ alte Häuser
□ neue Häuser

durch nicht zu lange Wege schnell erreicht werden. Im Grunde aber war durch die neue Häusergruppierung eine reine Seefahrersiedlung entstanden. Die Seeleute suchten eher die Nähe des Meeres, und sie waren sich ganz gewiß des großen Nahrungsangebots bewußt, das ihnen die weite Wattfläche vor Hedehusum bot. Ihre Frauen und Kinder waren selbst in der Lage, sich ohne zu große Beschwernis täglich zur Ebbezeit mit Fisch, Krabben oder Muscheln zu versorgen.

Man kann auf der Karte in der Godelniederung auch das große Sammelbecken des Quellwassers erkennen, ein sumpfiges Gewässer (fö. *Meere*), das in zwei Gräben in Richtung der Witsumer Gemarkung abläuft. Die Wegeführung entspricht im übrigen nahezu der heutigen Straßenführung, im wesentlichen fehlt nur das westwärts geradlinig nach Utersum weiterführende Verbindungsstück der heutigen Kreisstraße 122. Als Maßstab hat der Landmesser auf seiner Karte die damals hier üblichen holsteinischen Ruthen angegeben, wodurch sich die Entfernungen nachmessen und in uns geläufige Maßeinheiten umsetzen lassen: Eine holsteinische Ruthe entspricht 5,158 Meter.

Im Jahre 1801 war demzufolge der Weg, der am Haus Nr. 8 begann und am *Pöbertaft* entlang nach Süden zum Strand führte, bis zum Ende der Feldflur etwa 170 Ruten = 876 m lang. Dieser ehemals unbefestigte Weg ist heute zwar asphaltiert, in seinem Verlauf aber identisch mit dem von 1801. Die Länge zwischen den beiden angegebenen Punkten beträgt jedoch, vermessen am 26. Juli 1988, nur noch 761 m. Etwa 115 m breit ist also der Landstreifen, den sich die Nordsee in 187 Jahren durch die Sturmfluten des vorigen und dieses Jahrhunderts geholt hat. Noch gravierender ist der Landverlust 600 m weiter westlich davon. Dort mündet ebenfalls ein heute asphaltierter Wirtschaftsweg, der durch die Feldflur *Waaster Bergem* führt und bereits in der Karte von 1801 verzeichnet ist. Er war damals 192 Ruten = 990 m lang. Zur gleichen Zeit wie der obige im Juli 1988 vermessen, ergab sich nurmehr eine Länge von 778 m. Hier gingen also 212 m Land an das Meer verloren.

Zu bedenken ist, daß der allmähliche Anstieg des Meeresspiegels in der Vergangenheit mit 25–30 cm in hundert Jahren errechnet wurde. Dieser Vorgang hat sich offenbar erheblich beschleunigt, denn nach Beobachtungen der Technischen Hochschule Braunschweig wird der Meeresanstieg in unserem Jahrhundert 64 cm betragen! Schon diese wenigen Daten deuten die Gefahr an, in der sich die niedrig liegende und nur noch durch einen schmalen Sanddünengürtel geschützte Godelniederung befindet und damit mehrere Häuser von Hedehusum.

In der ersten Hälfte des vorigen Jahrhunderts wurden durch politische und wirtschaftliche Entwicklungen dann jene Voraussetzungen

Abb. 25

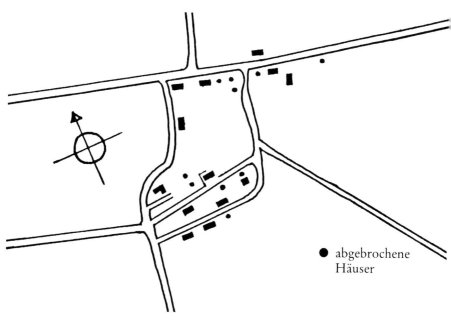

Abb. 26 Dorfstruktur im Jahre 1830

geschaffen, die zu dem bedrohlichen Auflösungs- und Schrumpfungsprozeß des Dorfes führten, durch den schließlich die Auswanderung nach Amerika ausgelöst wurde. Von den 20 Häusern im Jahre 1801 standen 1830 nur noch 13. Fünf der verlassenen und zerfallenden Häuser befanden sich in der konzentrierten Haufendorfformation, zwei weitere wurden dort noch bis zum Jahre 1860 aufgegeben. Die Eigentümer aller dieser Häuser waren bei der Landumlegung nur zu so geringen Flächenzuteilungen berechtigt gewesen, daß von dem Ertrag dieser Ländereien die Familien offenbar nicht ernährt werden konnten. Das weisen sowohl das „Hebungsregister der neuen Landsteuer von den Dörfern Utersum, Heddehusum, Borgsum und Witzum Feldmarken" von 1803 aus wie auch ein „Spezielles Verzeichnis nebst Klassification der Ländereyen der Einwohner der Dorfschaft Heddehusum." Durch eine Karte des Königlichen Katasteramtes in Tondern aus dem Jahre 1882 wird jener Tiefstand der Dorfstruktur dokumentiert.

Der ehemalige Haufendorf-Schwerpunkt war verlorengegangen, die Dorfschaft auf 47 Einwohner geschrumpft. Allerdings deutete sich in dieser prekären Situation eine neue Tendenz im Siedlungsbild an. Jung Rörd Rörden (1797–1880), ein seebefahrener Utersumer, hatte sich mit einer Rinderfarm in Argentinien bzw. mit dem Verkauf einer

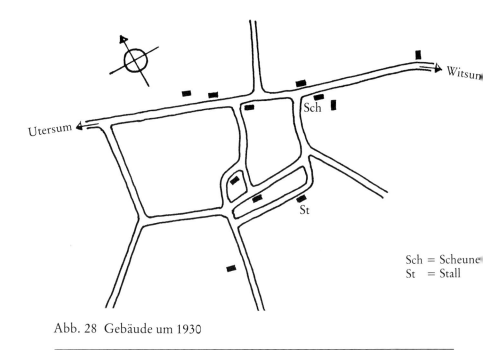

Sch = Scheune
St = Stall

Abb. 28 Gebäude um 1930

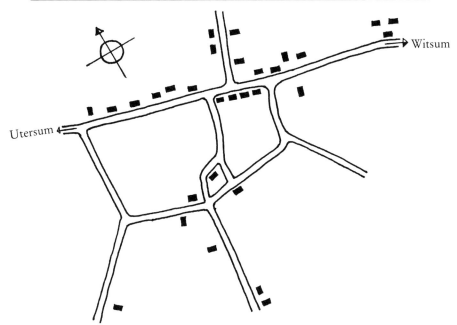

Abb. 29 Hedehusum im Jahre 1988

Schiffsladung Häute in Hamburg ein kleines Vermögen erworben. Dies nutzte er dazu, Land in Hedehusum zu kaufen und dort 1839 sein Haus zu bauen. Ein Jahr vorher hatte er die 23jährige Gardina Christina Knudsen (1815–1885) aus Haus Nr. 8 geheiratet. Im Laufe der Zeit brachte man ihm im Dorf soviel Vertrauen entgegen, daß er von 1852 bis 1865 als Bauervogt gewählt wurde, wie damals die Amtsbezeichnung war. Als später Sohn Heinrich die väterliche Landwirtschaft übernommen hatte, errichtete Jung Rörd Rörden 1864 ein zweites Haus als sein Altenteil.

Beide Häuser (Nr. 20 und 23) erhielten damals ihren Standplatz unmittelbar nördlich der heutigen Kreisstraße 122, die bedeutungsvoll werden sollte für die weitere Entwicklung der Ortschaft.

Straßen sind dort von bevorzugter Wichtigkeit, wo Menschen, Tiere und Güter bewegt und transportiert werden sollen. Das ist in der Landwirtschaft der Fall, in der sich die Hedehusumer zunehmend um befriedigende Erträge bemühten. Und obwohl die Zahl der Häuser mit nur noch 9 bewohnten Gebäuden dann in unserem Jahrhundert um 1930 ihren absoluten Tiefstand erreichte, blieb die Straße doch eine Art Leitlinie. Dies zeigte sich deutlich, als die beiden Amerika-Rückwanderer Conrad Rörden und Ketel Nielsen ihre Häuser und Stallungen im Jahre 1934 an dieser Straße errichteten. Damit wurde die Entwicklung als Reihendorf fortgeführt, die im Grunde bereits 300 Jahre zuvor begonnen hatte. Sie wurde bis zur Eingemeindung nach Utersum im Jahre 1970 beibehalten und war auch dann noch nicht beendet.

Tab. 25 Häuser- und Einwohnerzahl in der Entwicklung

Jahr	1667	1700	1722	1787	1801	1831	1900	1927	1939	1968	1987
Häuser	7	14	18	21	20	13	10	9	11	13	30
Einwohner	55	85	84	79	78	55	44	40	58	52	83

Dorfvorsteher in Hedehusum

Amtszeit	Amtsbezeichnung	Vor- und Zuname	Unterschrift
1852–1865	Bauervogt	Jung Rörd Rörden	
1867–1875	Gemeindevorsteher	Lorenz Cornelius Lorenzen	
1875–1911	Gemeindevorsteher	Heinrich Rörden	
1911–1923	Gemeindevorsteher	Hinrich Reinhard Rörden während des Ersten Weltkrieges vertreten durch Volkert Carlsen	
1923–1945	Bürgermeister	Friedrich Krambeck	
1945–1952	Bürgermeister	Lorenz Tönis Rörden	
1955–1962	Bürgermeister	Harald Siegfried Petersen	
1962–1970	Bürgermeister	Lorenz Tönis Rörden	

Abb. 30 Heinrich Rörden, Gemeindevorsteher 1875–1911

Abb. 31 Hinrich Reinhard Rörden, Gemeindevorsteher 1911–1923, und Ehefrau Ingke Taddea geb. Mader

Abb. 32 Friedrich Krambeck, Bürgermeister 1923–1945

Abb. 33 Harald Siegfried Petersen, Bürgermeister 1955–1962

Abb. 34 Lorenz Tönis Rörden, Bürgermeister 1945–1952 und 1962–1970

Der Fremdenverkehr

Der Fremdenverkehr hat auf Föhr eine lange historische Entwicklung. Bereits im Jahre 1819 erfolgte in Wyk auf Drängen und durch tatkräftigen Einsatz des Gerichtsvogts H. F. von Colditz die Eröffnung einer Seebadeanstalt. Die Stadt Wyk wurde damit nach Norderney das zweite Seebad an der gesamten deutschen Nordseeküste. Die Dörfer im Westen der Insel wurden davon zunächst jedoch nicht berührt, aber mit Beginn unseres Jahrhunderts haben Sommergäste dann in zunehmendem Maße Erholung auf dem Lande gesucht. Die Gemeinde Utersum ließ im Jahre 1935 ihren ersten Badeprospekt drucken, aber Hedehusum trat erst im Jahre 1962 der Fremden-Verkehrsgemeinschaft Insel Föhr e. V. bei, wie das Dorfprotokoll ausweist. Spätestens in den ersten Jahren nach dem Ende des Zweiten Weltkriegs deutete sich an, daß der Urlaub für den Menschen in unserer Zeit einen ganz neuen Stellenwert bekommen hatte. Deshalb war die Nachfrage nach Unterkunftsmöglichkeiten vor allem in den Monaten Juli und August schon in den fünfziger Jahren kaum zu befriedigen. „Verschiedene Quartiersleute hatten sogar ihre eigenen Schlafzimmer zur Verfügung gestellt und schliefen auf dem Boden. Der Preis für ein Bett pro Nacht betrug 1,50 DM, und für Küchenbenutzung wurde auch soviel gefordert. Für volle Pension wurden 6,50 bis 8,00 DM bezahlt", so die Eintragung im Schulprotokoll von Utersum im Jahre 1952.

Durch die Flurbereinigung war im ländlichen Raum ganz allgemein eine neue Situation entstanden. Die ausgesiedelten Familien hinterließen in den Dörfern ihre alten Bauernhäuser und Stallungen, wofür sich als Käufer bereitwillig ortsfremde Nichtföhrer fanden, die sich auf der Insel einen Zweitwohnsitz einrichten wollten. Die neuen Besitzer vermieteten diese Häuser nach der Renovierung an Feriengäste, womit verdeutlicht wurde, daß auch die Dörfer für den Fremdenverkehr genutzt werden könnten. Unter dem Slogan „Urlaub auf dem Bauernhof" öffneten sich dieser Nebenerwerbsquelle bald auch die anfangs finanziell stark belasteten Aussiedlerfamilien, so daß in wenigen Jahren die Bedeutung des Fremdenverkehrs sowohl in den Dörfern als auch in den Aussiedlungen erkannt und als Wirtschaftsfaktor ausgebaut wurde.

1974 wurde Utersum als Nordseebad anerkannt, 1976 folgte Nieblum. Damit einher ging naturgemäß eine Verlagerung der Arbeitsbereiche der Erwerbstätigen im dörflichen Raum, und zwar weg von der Landwirtschaft, in der durch die Mechanisierung und Rationalisierung der Betriebe ohnehin Arbeitsplätze und Arbeitszeit verfügbar geworden waren.

Tab. 26 Erwerbstätige nach Wirtschaftsbereichen 1970 [42]

Gemeinde	Land- und Forstwirtsch.		Handwerker		Handel, Verkehr		Dienstleistungen	
	Zahl	%	Zahl	%	Zahl	%	Zahl	%
Utersum	57	25,8	11	5,0	10	4,5	143	64,7
Nieblum	57	25,7	44	19,8	28	12,6	93	41,9

In Utersum (einschließlich Hedehusum) und auch Nieblum sind 1970 also nur noch etwa 25 % der Erwerbstätigen in der Landwirtschaft tätig. Der Anteil von fast 65 % im Dienstleistungsbereich in Utersum ist ohne Frage stark beeinflußt durch das Kurheim der BfA, zeigt andererseits aber bereits die große Abhängigkeit des Ortes vom Fremdenverkehr. Als Folge davon ergab sich in Utersum eine bauliche Strukturveränderung des alten Haufendorfes, indem nach 1960 verstärkt Ein- und Zweifamilienhäuser entstanden, deren Eigentümer sich durch die Vermietung von Ferienwohnungen und Fremdenzimmern eine gute Nebenerwerbsquelle erschlossen hatten.

In Hedehusum gewann der Fremdenverkehr nur zögernd an Einfluß, im Jahre 1960 gab es erst 20 Gästebetten im Dorf. Obwohl seit 1962 offiziell den neuen Möglichkeiten gegenüber aufgeschlossen, wie der Beitritt zur Fremdenverkehrsgemeinschaft Insel Föhr besagt, blieb die Gemeinde nach der Flurbereinigung ausgesprochen landwirtschaftlich orientiert. Die großen Betriebsinvestitionen sollten sich durch die zu erwartenden höheren Agrarerträge amortisieren. Aber das Beispiel der anderen Dörfer, vor allem der Ausbau der bezeichnenderweise *Traumstraße* genannten Straßenverbindung zwischen Utersum und Goting in den Jahren 1962/63 waren starke Gründe, sich ebenfalls um Feriengäste zu bemühen. Der Raumbedarf für diese Gäste konnte durch Ausbauen von Dachböden und ehemaligen Wirtschaftsräumen, aber auch durch Neubauten gedeckt werden. Bis zum Jahre 1970, dem Jahr der Eingemeindung in Utersum, hatten die meisten Vermieter allerdings noch einen anderweitigen Haupterwerb. Längst hatten sich zwischen Vermietern und Urlaubsgästen persönliche Beziehungen und Freundschaften entwickelt, die dahin führten, daß ein Teil der Gäste jährlich wiederkehrte. Gerade der kleine Ort mit seiner Übersichtlichkeit und seiner direkten menschlichen Zuwendung, mit seiner Einbindung in die natürliche Umgebung und seiner Durchschaubarkeit der bäuerlichen Arbeitsabläufe war und ist das oft gesuchte alternative Urlaubsziel der Menschen aus den Sädten. Für Hedehusum liegen leider keine gesonderten Aufzeichnungen vor, die dies statistisch belegen, aber in den für Utersum vorliegenden Daten sind auch die Zahlen von Hedehusum enthalten.

Tab. 27 Gästeübernachtungen in Utersum/Hedehusum 1974/75

Monat	Gästezahl	Übernachtungen
Oktober	402	7752
November	305	7324
Dezember	311	7869
Januar	344	7643
Februar	274	6689
März	339	8515
April	340	7470
Mai	475	9730
Juni	943	19651
Juli	1695	28221
August	1711	28661
September	1112	21312
insgesamt	8251	160837

Hieraus läßt sich errechnen, daß die durchschnittliche Aufenthaltsdauer der Gäste in Utersum/Hedehusum 19 Tage betrug, in Nieblum waren es zur gleichen Zeit vergleichsweise 17,3 Tage, in Wyk 14,8 Tage und in Westerland auf Sylt 11,5 Tage.[43]

Tab. 28 Herkunftsgebiete der Gäste in Utersum und Wyk 1979

Herkunftsgebiet	Utersum	Wyk
Nordrhein-Westfalen	27 %	31,4 %
Schleswig-Holstein	15 %	16,1 %
Hamburg	14 %	8,6 %
Niedersachsen	7 %	14,9 %
Hessen	8 %	8,1 %
Baden-Württemberg	3 %	7,2 %
sonstige	26 %	13,7 %

Welchen nachhaltigen Eindruck eine Begegnung zwischen Gästen und Einheimischen hinterlassen kann, mag ein Zeitungsbericht im Insel-Boten vom 9. August 1982 belegen: „Da hatten die Bürger von Hedehusum beschlossen, auch einmal ein Dorffest zu veranstalten, wie allerorten Sitte ist und geschieht, ... Mit relativ wenig Aufwand, allerdings mit viel Liebe und Einsatz kam ein Maximum an Erfolg zustande, über den selbst erfahrene Festorganisatoren nur staunen konnten. Es gab weder Programm noch Handzettel noch Plakate, nur mündliche Einladungen und – spontane Zusagen.

Und so erschienen um 19 Uhr etwa 70 Einheimische und 100 Feriengäste. Festort war ein Feld am Strand, Strohballen dienten als Sitzgelegenheit, aus Planken waren Tische aufgebaut worden ... Und auf einmal sprachen diese normalen Bürger, denen böse Zungen nachsagten, sie wären zu nichts mehr in der Lage als nur noch vor dem Fernsehgerät ihren Geist auszutauschen, miteinander, ganz normal, von Mensch zu Mensch über das, was ihnen am meisten am Herzen lag. Sie sprachen lange, und es wurde spät, und man sah die glänzenden Augen – nicht vom Feuer der Getränke entfacht, sondern (auch wenn es etwas hochgestochen klingt) vom menschlichen Geist.

Die Kinder saßen unterdessen auf einmal beisammen in einem Kreis und machten Spiele – ohne irgendwelche Regie. Ein Lagerfeuer brannte. Das alles vollzog sich ganz schlicht und unauffällig; und so wurde aus einer freundlichen Geste eine Feier der menschlichen Begegnung, die in ihrer Auswirkung nicht hoch genug eingeschätzt werden kann. ... Gerade dem Feriengast blieb am Ende nichts übrig, als überwältigt zu sein von so viel Bürgersinn und Gastfreundschaft – geschehen mitten in der Woche im August dieses Jahres in Hedehusum..."[44]

Seit den siebziger Jahren sind inzwischen in den Sommermonaten in jedem Haus Feriengäste zu finden. Darüber hinaus gibt es in Hedehusum sieben Häuser, die nicht ganzjährig bewohnt werden. Ihre Besitzer reisen nur während der Urlaubszeit hier an, eine Folgeerscheinung, wie sie auch in den anderen Dörfern auf Föhr zu beobachten ist. Angesichts dieser Entwicklung des Fremdenverkehrs im dörflichen Bereich ist der Gedanke erlaubt, ob sich die bisherige Bedeutung der Landwirtschaft, die 1801 mit einer Landumlegung begann und nach einer erneuten Flurbereinigung im Jahre 1960 noch einmal einen bemerkenswerten Höhepunkt erreichte, als wirtschaftlicher Schwerpunkt von Westerlandföhr fortführen läßt. Viele Anzeichen sprechen vielmehr dafür, daß ganz Föhr als Ferieninsel eine Zukunft hat, wobei die insulare Landschaft und die Zufriedenheit der erholungssuchenden Gäste zunehmend an Gewicht gewinnen werden.

Das Wasserwerk

Die Gebäude und das Speicherbecken des Wasserwerks Föhr-West liegen zwar in der Dorfgemarkung, aber die Initiative zur Errichtung dieser Wasserbeschaffungsanlage ging nicht von der Gemeinde Hedehusum aus. Vielmehr waren Entwässerungsmaßnahmen in der Borgsumer Marsch und der große Schöpfwerkskanal von Oldsum-Klintum-Toftum zusammen mit dem Bau des Schöpfwerks Föhr-Mitte in den Jahren 1955 bis 1957 die Auslöser für erste Planungsüberlegungen hinsichtlich eines zentralen Wasserwerks auf Westerlandföhr. Durch diese Entwässerung war es nämlich in Klintum mehrfach zu Schwierigkeiten bei der Trinkwasserversorgung gekommen, weil durch sie der Grundwasserspiegel abgesunken war und die dort vorhandenen Flachbrunnen teilweise versiegten.

Auf Empfehlung des Marschenbauamtes Husum wurde deshalb 1959 eine erste Probebohrung bis etwa 40 m Tiefe[45] auf dem Gelände des jetzigen Wasserwerks vorgenommen. Das vorgefundene Wasser war von guter Qualität, so daß ein Entnahmebrunnen in 27,5 m Tiefe ausgebaut wurde. Hierdurch ermutigt, schlossen sich am 12. Juni 1961 die Gemeinden Oldsum, Süderende und Utersum zum Wasserbeschaffungsverband Föhr-West zusammen und bezogen ihr Wasser aus dem Wasserwerk. Hedehusum gehörte noch nicht dazu, hier kam der Wasseranschluß erst im Laufe des Jahres 1971. Zum Verbandsvorsteher wurde Max Carlsen gewählt, damals Bürgermeister von Oldsum und starker Befürworter einer zentralen Wasserversorgung. Er behielt dies Amt bis zum Jahre 1974, als ihn Julius Nickelsen ablöste, der auch sein Nachfolger als Bürgermeister geworden war.

Die Finanzierung des großen Unternehmens wurde möglich durch Zuschüsse der Landesregierung Schleswig-Holstein und durch Mittel aus dem Programm Nord in Verbindung mit der Flurbereinigung auf Föhr, in deren Verlauf die Aussiedlungshöfe in der Marsch mit Trink- und Brauchwasser zu versorgen waren. Selbstverständlich hatten die Wasserabnehmer Anschluß- und Entnahmekosten zu tragen, eine neue Erfahrung auf Föhr.

Im Jahre 1962 wurde dann das Gelände des Wasserwerks Föhr-West angekauft, eine Fläche von insgesamt 1,80 ha, wovon sich der eine Teil im Besitz von Ketel Nielsen befand, der andere Gemeindeland von Hedehusum war. Danach konnte mit den Ausschachtungsarbeiten für das Wasserwerk begonnen werden, das seinen Betrieb endgültig im Frühjahr 1964 aufnahm. Vorher waren die angeschlossenen Gemeinden und die Aussiedlungen direkt aus dem Brunnen durch eine provisorische

Druckstation versorgt worden. Bereits 1962/63 wurden drei zusätzliche Brunnen notwendig und im Jahre 1977 drei weitere Entnahmebrunnen. Mit der Inbetriebnahme des Wasserwerks konnte Broder Braren aus Oldsum als Wasserwart beim Verband Föhr-West angestellt werden, der bis zu seinem Tode im Frühjahr 1977 mit seiner Frau Thea in der Dienstwohnung lebte. Sein Nachfolger wurde Karl Werner Lorenzen aus Nieblum.

Tab. 29 Wasserabgabe des Wasserwerks Föhr-West

```
1964 . . . . . . . . . . . . . . . . . . . . . .  90 229 m³
1965 . . . . . . . . . . . . . . . . . . . . . . 117 861 m³
1975 . . . . . . . . . . . . . . . . . . . . . . 218 139 m³
1985 . . . . . . . . . . . . . . . . . . . . . . 257 943 m³
```

Nachdem damals die westlichen Gemeinden der Insel und schließlich auch Nieblum im Wasserbeschaffungsverband Föhr-West vereint waren, wurde auch auf Osterlandföhr das Verlangen nach einer öffentlichen Wasserversorgung immer stärker. In den Jahren 1964 bis 1966 traten zunächst die Dorfgemeinden auf Osterlandföhr dem Verband bei, 1967 auch die Stadt Wyk. Weil damit die ganze Insel erfaßt war, erfolgte die Umbenennung des Verbandes in Wasserbeschaffungsverband Föhr.

Neben dem Verbandsvorsteher Julius Nickelsen wurde Dipl. Ing. Hark Quedens aus Wyk der Geschäftsführer des Verbandes. Er hatte schon seit 1961 die Maßnahmen zur Wasserversorgung auf Föhr fachlich betreut. Für den erhöhten Bedarf an Trink- und Brauchwasser entstand schließlich mit dem Wasserwerk Föhr-Ost eine zweite zentrale Beschaffungsstelle, die im Dezember 1971 eingeweiht werden konnte. Die Wasserabgabe beider Werke stieg ständig, sie betrug im Jahre 1987 insgesamt 1 200 000 cbm.

Die Erkenntnis, daß einwandfreies Trinkwasser zu unseren kostbarsten Lebensmitteln gehört, ist heute Allgemeingut geworden. Nicht nur die immer größer werdende Zahl der Menschen ist darauf angewiesen, ohne Wasser ist ein Lebenszyklus in der gesamten Natur nicht denkbar. Deshalb gab es zwischen dem Verband und der Landesregierung Schleswig-Holstein mehrere Jahre hindurch langwierige Verhandlungen, die schließlich dazu führten, daß am 4. Februar 1985 die Ländereien um die beiden Föhrer Wasserwerke zu Wasserschutzgebieten erklärt wurden.

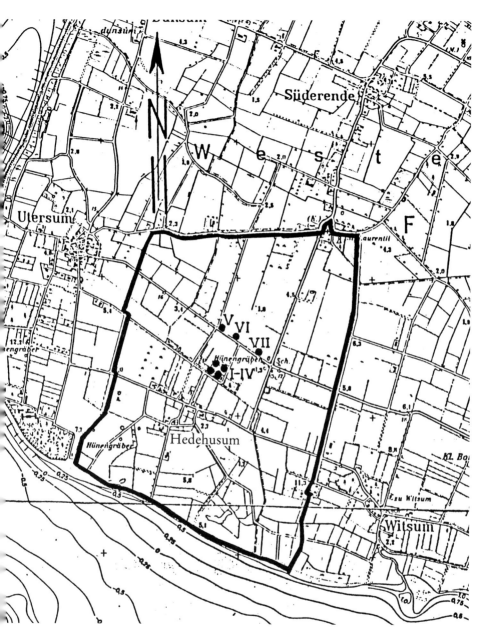

Abb. 35 Wasserschutzgebiet Föhr-West
Kartengrundlage: Küstenkarte M. 1 : 25 000
● Zone I ▬▬ Zone III

Das Schutzgebiet Föhr-West umfaßt insgesamt etwa 400 ha Bodenfläche mit landwirtschaftlichen Nutzflächen von etwa 350 ha. Auf diesen Nutzflächen ist das Ausbringen von Gülle und Jauche während der vegetationslosen Jahreszeit nicht mehr gestattet und während der Wachstumsperiode mengenmäßig begrenzt. Dadurch soll das Auswaschen und Absickern von schädlichen Stickstoffverbindungen und giftigen Pflanzenschutzmitteln, die bereits im Trinkwasser festgestellt wurden, eingeschränkt bzw. verhindert werden. Eine andere Möglichkeit, das Trinkwasser nicht zu belasten, ist die Umwandlung von Akkerflächen in Dauergrünland mit eingeschränkter Nutzung. Wie groß die Wirkung und der Erfolg dieser Maßnahmen sein können, wird sich erst in Zukunft erweisen. Hedehusum liegt im Zentrum des Wasserschutzgebietes, und deshalb haben die Landwirte gerade hier große Teile ihrer Äcker und Grünländereien in die Schutzbestimmungen und Beschränkungen einzubeziehen. Sie sind am meisten an einer Lösung dieser so wichtigen Problematik interessiert.

Die Schule

Hedehusum hatte seine eigene Schule bereits in einer Zeit, als das Unterrichtswesen noch keiner staatlichen Regulierung unterlag. Die ersten Hinweise darauf gibt es aus der Walfangzeit. Damals hatten auch alle umliegenden Dörfer ihre Schulen, wie dies aus Utersum, Dunsum, Süderende, Oldsum, Klintum und Toftum belegt ist. Eine Art behördliche Schulaufsicht lag in den Händen der Geistlichkeit, die nicht nur die Lehrer einstellte, sondern sich auch durch Besuche in der Schule ein Bild von dem Leistungsstand verschaffte. In einem solchen Visitationsbericht des Bischofs Brorson von Ripen vom 31. Juli 1760 werden die Schulen von Westerlandföhr im jeweiligen Zuständigkeitsbereich der beiden damals im Kirchspiel St. Laurentii tätigen Geistlichen, eines Hauptpastors und eines Kaplans, ausdrücklich erwähnt: „... Es gibt im Distrikt des Kaplans drei Schulen. Dunsum, Utersum, Hedehusum, wo die Bewohner in jedem Ort im Winter einen Schulmeister halten, mit denen der Pastor zufrieden ist. Die Jugend antwortete gut."[46]

Wie aus der Vermessungskarte von 1801 ersichtlich ist, stand das Schulhaus von Hedehusum an dem Weg, der östlich des Flurstücks verläuft, das der Landmesser mit *Peper Toft* bezeichnet hat. Das Haus war klein, es hatte nur ein Grundmaß von einer Quadratrute (etwa 27 qm), d. h. die Außenmaße könnten etwa 4 × 7 m gewesen sein. Aus dem Hebungsregister von 1803 läßt sich außerdem ersehen, daß zu diesem Gebäude lediglich etwa 130 qm Land gehörten, das die Gemeinde zur Verfügung gestellt hatte. Die Kosten für das Gebäude und seine Instandhaltung trug damals die Dorfschaft. Für die Bezahlung des Lehrers, der damals Schulhalter genannt wurde, war die Gemeinde jedoch nicht verantwortlich. Vielmehr zahlten die Eltern der Kinder ein Schulgeld, das relativ gering war und auch in Naturalien abgegolten werden konnte. Die Schulhalter auf Föhr hatten vor 1800 allerdings noch keine pädagogische oder andere fachliche Ausbildung. Viele waren in den Sommermonaten Seefahrer, deshalb lehrten sie neben Religion und Lesen wohl auch nautisches Rechnen, was wiederum den Jungen als späteren Seeleuten zugute kam.

Der letzte Lehrer der dorfeigenen Schule in Hedehusum war Brar Nahmens (1741–1805), Sohn des Seefahrers Nahmen Rörden aus Hedehusum, Haus Nr. 6. In erster Ehe heiratete er Krassen Marcussen aus Haus Nr. 17, die aber schon bei der Geburt ihres ersten Kindes zusammen mit diesem im Wochenbett verstarb. Mehr als zehn Jahre später ging Nahmens eine zweite Ehe mit Lena Christina Nickelsen aus Dunsum ein, in der drei Kinder geboren wurden. Das jüngste von ihnen, ein

Sohn, sollte durch einen unglücklichen Unfall im Alter von neun Jahren ums Leben kommen. Beim Spielen wurde der kleine Junge unter einem zusammenstürzenden Schornstein verschüttet und konnte nur noch tot geborgen werden.

Brar Nahmens unterrichtete 13 Jahre lang in der kleinen Schule. Die Einkünfte aus seiner Lehrtätigkeit reichten nicht aus, seine Familie zu ernähren. Deshalb fuhr auch er zwischenzeitlich wiederholt zur See. So ging er auch im Jahre 1805 wieder auf eine Reise, die ins Mittelmeer führte. Es sollte seine letzte werden. Er verstarb am 14. Mai 1805 in Marseille. Seine Frau überlebte ihn 24 Jahre in recht unzulänglichen Verhältnissen und wurde im Jahre 1829 von der Armenkasse beerdigt.

Der Tod des Schulhalters erfolgte zufällig in den Jahren, in denen von Amts wegen seit der Landaufteilung Bestrebungen vorangetrieben wurden, das Schulwesen auf Westerlandföhr zu ordnen, wie es auch in ganz Dänemark geschah.[47] Die Schulen sollten zusammengelegt und nur in den größeren Dörfern erhalten bleiben. Dazu kamen verwaltungsrechtliche und schulrechtliche Bestimmungen vielfältiger Art, die schließlich ihren Ausdruck fanden im „Schul-Regulativ für St. Laurentii Gemeine auf Westerlandföhr" vom 5. Mai 1809. Darin wurde von der Ripener Schuldirektion über den Propst P. Cramer in Mögeltondern veranlaßt, die Schulen mehrerer Dörfer zusammenzufassen. Im ersten Kapitel des Regulativs heißt es: „Es verbleiben in dieser Gemeine drei District-Schulen. Zu der Hauptschule, welche der p. t. Küster besorgt, gehören die Dörfer Oldsum und Süderende. Zu dem zweiten Districte gehören Tüftum und Klintum. Zu dem dritten Üttersum, Groß- und Klein-Dunzum und Heddehusum. Und da die Wege von Dunzum nach Üttersum, wo die Schule ist, tief und sumpfig sind, so wird in Dunzum eine Neben-Schule beibehalten, worin besonders im Winter die kleinen Kinder bis ungefähr nach zurückgelegtem 10ten Jahr unterrichtet werden …"

Weiterhin wurde darin festgelegt, alle drei Distrikte von nur einer Schulkommission beaufsichtigen zu lassen, die sich zusammensetzen sollte aus dem Pastor, dem Birkvogt und je einem Schulvorsteher aus jedem der drei Distrikte. Schulgeld sollte von den Eltern nicht mehr erhoben werden, die Lehrer wurden aus den Einnahmen des zu bildenden Schulfonds (hauptsächlich aus ehemaligem Kirchenland) bezahlt. Neben freier Wohnung und der Nutzung des Schullandes, das nach der Landumlegung für die Haltung von zwei Kühen ausreichte, erhielt der Lehrer von Utersum von diesem Zeitpunkt an jährlich:

Gehalt	100 Reichsthaler
Feuerung für eigenen Haushalt	10 Reichsthaler
Feuerung für die Schulstube	10 Reichsthaler
Naturalien	3 Tonnen Roggen (300 kg)
(damaliger Wert: 1 Kuh = 20 Rth.)	3 Tonnen Gerste (270 kg)

Nach der neuen Regelung bildeten also die Dörfer Utersum, Hedehusum und Dunsum einen Schuldistrikt mit dem Schulgebäude in Utersum. Das Schulhaus in Hedehusum wurde zunächst noch als Wohnhaus für eine mittellose Witwe genutzt. Zu Lebzeiten des Schulhalters war es nicht bewohnt worden, dazu war es zu klein. Es verfiel allmählich und wurde abgebrochen, die noch brauchbaren Steine und Balken konnten im Jahre 1846 beim Bau eines neuen Hauses verwandt werden, das wie die Schule wiederum die Haus-Nr. 21 erhielt. Es wird gegenwärtig von John Ronnebeck und seiner Familie bewohnt.

Der erste Lehrer, der nach den neuen Richtlinien in diesem Schuldistrikt eingestellt wurde, war im Jahre 1809 der damals 22jährige verheiratete Oluf Braren aus Oldsum, der bereits drei Jahre Schulpraxis in Braderup auf Sylt und in Midlum auf Föhr vorweisen konnte. Er hatte sich seine Berufsvorbildung noch ausschließlich als Autodidakt aneignen müssen. Erst ab 1814 schrieb eine Königliche Anordnung aus Kopenhagen eine staatliche Seminarausbildung für Lehramtsbewerber vor. Oluf Braren unterrichtete von 1809 bis 1821 in Utersum. Noch heute kann man sich in dem erhaltenen Schulprotokoll aus dem Jahre 1816 an den schön geschwungenen Buchstabenformen seiner Handschrift erfreuen. 1816 hatte er 57 Kinder in seiner Schule zu unterrichten, 29 Knaben und 28 Mädchen.

Die Schulpflicht begann auch damals nach vollendetem sechsten Lebensjahr und dauerte bis zur Konfirmation. Die Unterrichtsstunden lagen vormittags von 9.00 bis 12.00 Uhr und nachmittags von 13.30 Uhr bis 16.00 oder 17.00 Uhr, unterbrochen von jeweils einer viertelstündigen Pause am Vormittag und am Nachmittag. Die Unterrichtsfächer waren Religion, Schreiben, Lesen, Rechnen und „ordentliches Singen".

Aus Hedehusum besuchten damals nur vier Kinder die Schule, und zwar zwei Geschwister aus der Familie von Hinrich Nickelsen und zwei aus der von Peter Matzen. Das Schulprotokoll enthält säuberlich aufgelistet die schulischen Leistungen aller Kinder, sie wurden nach einer vor der Schulkommission abgelegten Prüfung halbjährlich eingetragen und vom Pastor als Leiter der Kommission abgezeichnet. Die vier Hedehusumer erzielten unterschiedliche Beurteilungen, wie der Auszug aus dem Schulprotokoll zeigt.

Tab. 30 „Examen über den Fortgang der Jugend im letzten halben Jahre vom 1sten Octbr. 1815 bis zum 1sten Apr. 1816."[48]

No	Der Kinder Namen	Alter	Klasse	Wieviele Tage die Schule besucht wurde in 138 Schultagen	Lesen	Religion	Schreiben	Rechnen	Der Kinder Fähigkeit	Fleiß
4	Nickels Hinrichen	14	1	101	zieml. gut	auch	auch	auch	ziemlich	ziemlich
14	Rörd Hinrichen	11	2	87	mäßig	mäßig	nicht übel	mäßig	ziemlich gut	ziemlich
17	Christian Peters	8	2	107	gut	gut	recht gut	nicht übel	gut	fleißig
3	Keike Peters	13	1	118	vorzüglich	vorzüglich	gleichfalls	sehr gut	gut	sehr fleißig

Oluf Braren war ein begabter Pädagoge, wie überliefert ist. Bedeutsamer aber war er und viel bekannter wurde er durch seine gemalten Bilder, wenn auch erst lange nach seinem Tode. Eins seiner schönsten Bildnisse zeigt Ing Peter Matzen (Peters) aus Hedehusum mit ihren beiden Kindern (s. S. 138). Diese dort dargestellte junge Frau war die ältere Schwester von Christian und Keike Peters aus dem Schulprotokoll von 1816. Oluf Braren unterhielt neben seiner kinderlosen Ehe mehrere Jahre eine Liebesbeziehung zu ihr. Er war auch der Vater der beiden gemalten Kinder. Tochter Gardina Christina wurde im Jahre 1815 geboren und Sohn Peter Matthias im Jahre 1819, er starb aber bereits ein Jahr später.

Der Schulweg der Hedehusumer Kinder zum Nachbardorf war für die damaligen Verhältnisse nicht zu lang oder zu unwegsam. Daß es dabei dennoch zu erheblichen Schwierigkeiten kommen konnte, besagt folgende Eintragung von 1852 aus dem Dorfprotokollbuch: „Damit es für unsere Nachkommen aufbewahrt bleibt, haben wir folgenden Vorfall im Dorfprotokoll aufgenommen: Den 8 May 1851 lies Birkvogt Nielsen in die Kirche von Sant Lorenze publisiren daß der Fußweg durch Wennem und Krumtefeln bey 2 RbTah. Strafe verboten sey. Da das der Schulweg für die Kinder von Heddehusum gegen 50 Jahren gewesen ist, so nahmen wir davon keine Notiz, sondern befahlen die

Kinder, daß sie den Fußweg nur gehen solten bis darüber Gerichtlich entschieden sey. Die beiden Boh Knudtens einen von Amrum der andere von Oldsum jetzt in Uttersum wohnhaft wollten die Schulkinder den Weg streitig machen: Das wir die Kinder einige Zeit, unter Schutz von meinen Knecht Jens nach Uttersum bringen mußten.

In Juny kamm Birckvogt Nielsen um die Sachlage selbst zu beschauen, und es worde beschlossen in Gegenwardt von Christian D. Rolofs Schulpatruhn Dancklef Lorenzen Schulvorsteher für Uttersum und Heddehusum Boh Knudten Dorfvorsteher in Uttersum und Jung rörd Rörden Dorfvorsteher in Heddehusum. Das der Fußweg von den Kindern in Heddehusum wie früher benutz werde weil kein besserer Schulweg vorhanden sey.

Doch sollten die Eigenthümer von den Landstücken, über welche der Fußweg geht ansprüche auf vergütung machen: währe die Algemeine Schulkasse verflichtet es zu erstatten und die Eigenthümer der Landstücke müßten den Fußweg nicht mehr flügen wenn sie dafür Vergütung erhalten hätten.

Dorfvorsteher J r Rörden"

Der Schulweg der Kinder aus Hedehusum führte also über das Akkerland zweier Utersumer Bauern gleichen Namens. Man konnte sie aber gut an ihrer Körpergröße unterscheiden. Der aus Nebel auf Amrum stammende Boh Knudten war der größere von beiden und wurde im Dorf deshalb fö. *Grat Boh Knütjen* genannt, der kleinere von ihnen, in Oldsum geboren, hieß fö. *Letj Boh Knütjen*. Letzterer war der Dorfvorsteher von Utersum und nahm als solcher an dem gerichtlichen Ortstermin teil. Die Rechtsfindung des Birkvogts beruhte in diesem Fall auf Ausführungen der Anordnung für das Volks-Schulwesen auf dem Lande in Dänemark von 1814 und dem Schul-Regulativ von 1809. Darin heißt es: „Es ist notwendig, ... daß bequeme Wege und Fußsteige für die Kinder von den Interessenten eines jeden Districtes ausgelegt und im Stande gehalten, und im Winter so weit von Schnee gereinigt werden, daß die Kinder bequem zur Schule gehen können. Sollte es für nöthig befunden werden, daß ein Fußsteig nach der Schule über das Feld eines Mannes gehen sollte, wo bisher kein Fußsteig gewesen ist, so ist der Grundbesitzer verbunden, solches nicht zu verhindern, und wenn er glaubt, daß dieses nicht nothwendig ist, so ist diese Sache nach der Wege-Verordnung vom 31 Dec. 1793 §. 18. abzumachen." Die Rechtslage war also eindeutig, und „die beyden Boh Knudtens" mußten sich dem Richtspruch des Birkvogts beugen.

Bemerkenswert und zugleich nachdenklich stimmend ist auch die nachfolgende Eintragung im Dorfprotokoll von Hedehusum vom 1. April 1903 über einen „an das Königliche Landratsamt zu Tondern gestellten Antrag des Lehrers Hansen zu Oldsum um eine zu gewährende Beihülfe, behufs Teilnahme an einen Fortbildungskursus für ländliche Volksschullehrer ... Nach Verlesung eines Schreibens des Herrn Amtsvorstehers zu Utersum vorstehenden Antrag betreffend, wurde nach eingehender Besprechung der Sache einstimmig beschlossen: Die Gewährung einer Beihülfe abzulehnen. Die Ablehnung wurde begründet: 1stens würde die Gemeinde Hedehusum kaum jemals, hiervon einen Nutzen in Aussicht haben. 2ten wäre es ja nicht ausgeschlossen, daß Lehrer Hansen vielleicht nach 1 oder 2 Jahren wieder von Oldsum fortgehen würde." Wie dies Beispiel zeigt, war es auch schon früher äußerst schwierig, im Bereich der Schule eine ausgeglichene Kosten-Nutzen-Rechnung aufzustellen.

Am 17. Mai 1907 befaßte sich die Gemeindevertretung von Hedehusum wiederum ausführlich mit der Schule. Es ging damals um die „... Beschlußfassung über die beabsichtigte Vereinigung der Gemeinden Utersum, Hedehusum und Groß Dunsum gemäß dem am 1. April 1908 in Kraft tretenden Schulunterhaltungsgesetz vom 28. Juli 1906 zu einem Gesamtschulverbande. Nach längerer eingehender Besprechung der Schulangelegenheit ... beschließt die Gemeindeversammlung einstimmig, der von dem Königl. Herrn Landrat in Tondern in Aussicht genommenen Vereinigung der Gemeinden Utersum, Hedehusum und Groß Dunsum zu einem Schulverbande für sich, unter der Bedingung zuzustimmen, daß dem neuen Schulverbande Utersum, Hedehusum und Groß Dunsum der ihm rechtmäßig zukommende dritte Teil des vorhandenen Schulvermögens des bisherigen Schulverbandes zufällt..."

Dieser Beschluß dokumentiert den Zeitpunkt, an dem der seit 1809 bestehende Schul*distrikt* der drei Gemeinden zu einem selbständigen Schul*verband* angehoben wurde. Er überdauerte alle politischen Strömungen unseres so bewegten Jahrhunderts einschließlich zweier Weltkriege. Im Jahre 1967 konnte in Süderende, nicht weit von der Kirche, die neue Dörfergemeinschaftsschule Föhr-West fertiggestellt werden, die alle schulpflichtigen Kinder des Kirchspiels St. Laurentii aufnehmen sollte. Damit wurde das alte Schulhaus in Utersum nicht mehr benötigt, in dem folgende Lehrkräfte amtiert hatten:

1809—1821   Oluf Braren
1821—1861   Ocke Jappen
1861—1880   Brar Cornelius Braren
1880—1886   Friedrich Hansen

1886–1890	J. A. Petersen
1890–1893	Heinrich Wanner
1893–1906	Hans Philippsen
1906–1908	Johannes Emil Peters
1908–1927	Hinrich Alwin Jacobsen, vertreten im 1. Weltkrieg durch die Lehrer Michaels, Will und Rohde
1927–1929	Johannes Hansen
1929–1938	Hinrich Cornelius Hinrichsen
1938–1940	Heinrich Nielsen
1940–1945	im 2. Weltkrieg die Lehrer Wögens, Jensen, Will und Rademacher; die Lehrerinnen Ebsen und Suhr
1946	Ehrhard Buchholz
1946–1967	Fritz Fischer

Der letzte Lehrer, Fritz Fischer, wurde in Rummelsburg in Pommern geboren. Er kam in der Endphase des Zweiten Weltkrieges als Schwerverwundeter und Beinamputierter nach Föhr und wurde 1946 in die Lehrerstelle in Utersum eingewiesen, wohin ihm später seine Ehefrau mit drei Kindern folgte. Die Arbeit in der einklassigen Schule war damals selbst für einen befähigten Lehrer schwierig, weil die Schülerzahl auf 92 Kinder angestiegen war, eine Folge des Kriegsendes von 1945, durch das viele Flüchtlingsfamilien aus den ehemaligen deutschen Ostgebieten Pommern, Ostpreußen und Schlesien auf die Insel verschlagen wurden. In den Jahren danach erfolgte erst allmählich wieder eine Normalisierung.

Tab. 31 Schülerzahl im Schulverband Utersum

Schuljahr	1927/28	1945/46	1947/48	1950/51	1952/53	1962/63	1966/67
Schüler	48	92	80	78	48	44	32

Der Prozeß der Normalisierung hing zunächst zusammen mit der Abwanderung der meisten Flüchtlingsfamilien von Föhr in andere Bundesländer, wo sie eine Lebensgrundlage fanden und eingebürgert werden konnten. Eine Übersicht der Anzahl der Schulkinder getrennt nach den drei Dörfern des Schulverbandes verdeutlicht diesen Vorgang noch einmal genauer.

Tab. 32 Schülerzahl der Dörfer des Schulverbandes

	1950	1951	1952	1954	1956	1958	1960	1962	1964	1966
Utersum	43	38	30	33	28	23	28	31	22	23
Hedehusum	19	17	12	8	8	4	2	2	2	6
Groß Dunsum	12	6	6	5	6	9	12	11	5	3
gesamt	78	61	48	46	42	36	42	44	29	32

Ohne Frage gibt es auch noch andere Gründe, die zu der verhältnismäßig starken Reduzierung der Schülerzahl am Ende der fünfziger und in den sechziger Jahren führten. Die Auswanderung nach Amerika spielt hier ebenso eine Rolle wie die Möglichkeit der Geburtenregulierung durch die Pille.

In der neuen Dörfergemeinschaftsschule Föhr-West wurden dann ab 1967 die Schulkinder sämtlicher Dörfer der Kirchengemeinde in mehreren Klassen unterrichtet. Anfangs waren es 153, davon kamen 8 aus Hedehusum. Schulleiter wurde Harald Nissen, der seit 1951 Lehrer in der Schule in Oldsum war, die er inzwischen auch leitete. Das ehemalige Schulhaus in Utersum wurde durch die Gemeinde zum Dorfgemeinschaftshaus umgestaltet, das Wohnhaus der Lehrer verkauft. Zehn Jahre später, vom 1. August 1977 an, verblieben nach einer erneuten Umorganisation des Schulwesens auf Föhr nur noch die Grundschüler bis zum 4. Schuljahr in der Schule in Süderende, die Schüler der Oberstufe besuchen seither die Hauptschule in Wyk.

Die Feuerwehr

Bei der Entwicklung des uthlandfriesischen Hauses war Reet der entscheidende Werkstoff für die Dacheindeckung; denn in den feuchten Marschfennen und in den Wasserläufen wuchs genügend Schilf. Reet ist allerdings ein leicht brennbares Material, eine besondere Gefährdung ergibt sich bei Blitzschlag und bei Funkenflug. Dieser Gefährdung trugen die Bewohner seit Jahrhunderten schon beim Bau ihres Hauses Rechnung, indem sie in der Längsfront über der Haupteingangstür einen schmalen Giebel errichteten, den sog. Frontgiebel. Er sollte im Falle eines Feuers das vom Dach herabrutschende brennende Reet seitwärts ableiten, um die Tür freizuhalten. Die Dacheindeckung dieses Giebels wurde darüber hinaus von innen oft noch zusätzlich mit Lehm abgedichtet, um auf diese Weise eine gewisse Feuerhemmung zu erzielen. So haben die Menschen sich gegen Brandkatastrophen zwar immer abzusichern versucht, früher mit nur unzulänglichen Mitteln, aber auch heute ist die Feuersgefahr bei Reetdächern trotz moderner Bekämpfungsmethoden das eigentliche Problem.

Schon König Christian VI. von Dänemark erließ um 1735 für sein Hoheitsgebiet, also auch auf Föhr gültig, eine Brandordnung mit vorbeugenden Maßnahmen und Verhaltensweisen zum Schutz gegen Brandgefahr. So sollten in jedem Haus Ledereimer bereitgestellt werden, die zur Brandbekämpfung mitzubringen waren, und es war nicht erlaubt, in den Straßen „ohne Deckel auf den Pfeifen Toback zu rauchen." In den Gemeinden wurden Männer zu einer Brandwehr zusammengestellt, und die Brandaufseher unter ihnen übernahmen im Ernstfall die Leitung an der Brandstelle. Als Ausrüstung waren im wesentlichen Gurte, Ölröcke, Alarmhörner, Leitern und Handspritzen vorhanden.

Die Gründung einer organisierten Feuerwehr begann auf Föhr in der Stadt Wyk. Der Anlaß dazu war die Zerstörung der Wyker Mühle im Jahre 1878 durch ein Feuer, das während eines Gewitters durch Blitzschlag entstanden war. Daraufhin riefen engagierte Bürger eine Freiwillige Feuerwehr ins Leben, um zukünftig solchen Katastrophen besser begegnen zu können. Die Gründung dieser Wehr wurde ein Vorbild für die umliegenden Dörfer. 1880 folgte Oevenum, 1882 Midlum und Nieblum, 1890 Boldixum. Sieben Jahre später wurde dann die Freiwillige Feuerwehr von Borgsum/Witsum/Goting ins Leben gerufen, und im selben Jahr schlossen sich auch die drei am weitesten im Westen liegenden Gemeinden Utersum/Hedehusum/Dunsum zu einer solchen zusammen, wie folgende Eintragung im Protokollbuch der Feuerwehr besagt: „Die Wehr ist gegründet im Jahre 1897, als Stiftungstag wurde der 20 Januar bestimmt. Die Löschgeräte wurden von der alten Brandwehr übernommen, die Dienstjoppen u. fehlenden Gurte wurden von den Gemeinden Utersum, Hedehusum u. Dunsum beschafft." Die ersten Feuerwehrmänner aus Hedehusum waren Friedrich Krambeck, Hans Petersen, Adolf Mader und Hinrich Rörden.

Tab. 33 Mitgliedsstärke der Freiwilligen Feuerwehr

Jahr	1899	1924	1930	1943	1948	1953
Anzahl	31	34	38	44	36	44

Nach der Gründung fanden monatlich an einem festgesetzten Tag Einsatzübungen statt, um bei einem ausbrechenden Feuer den Schaden möglichst begrenzen und klein halten zu können. Dazu wurde im Laufe der Jahre eine fortwährende Modernisierung der Ausrüstung vorgenommen, Zusammenkünfte mit benachbarten Wehren arrangiert, insulare Verbandstage abgehalten und die Fortbildung im Feuerlöschwesen betrieben. Erfolg oder Mißerfolg solcher Vorkehrungen zeigten sich im Einsatz, wenn ein Feuer mit allen Kräften bekämpft werden mußte, was leider wiederholt notwendig wurde. Mehrfach leistete die Wehr intensive Hilfe auch in den Nachbardörfern, so in Süderende in den Jahren 1900 und 1925, in Oldsum 1945 und 1950. Der Brand in Oldsum im Jahre 1945 war eine folgenschwere Katastrophe, denn es brannten sechs Häuser nieder.

Auch die eigenen Gemeinden blieben von Brandheimsuchungen nicht verschont. Am 14. September 1926 sank in Dunsum das Wohnhaus mit Scheune von Conrad Hinrichsen in Schutt und Asche, und am 24. Oktober 1939 brannte in Utersum das Wohnhaus von Waldemar Jensen bis auf die Grundmauern ab. In Hedehusum schließlich wurde am 23. August 1923 Feueralarm gegeben. Der Blitz hatte in das Haus Nr. 17 von Sören Pedersen eingeschlagen und gezündet. „Wohnhaus mit Stall und Scheune brannten nieder. Die abseits liegende Scheune wurde von den Steigermannschaften geschützt und gerettet", so der kurze Bericht im Dienstbuch der Feuerwehr über diesen Einsatz.

Im Laufe von inzwischen mehr als 90 Jahren haben sich die Aufgaben der Wehr stark erweitert und vergrößert. Außer bei der Brandbekämpfung wird sie auch bei anderen Katastrophen eingesetzt, wie z. B. bei Hochwasser und Schäden durch Sturmfluten. Längst ist sie mit Motorfahrzeugen ausgerüstet, verfügt über Funk- und Atemschutzgeräte, hat ein Notstromaggregat und besitzt als einzige Landfeuerwehr der Insel eine bis auf 18 m ausfahrbare Leiter. Im Jahre 1984 wurde das neue Gerätehaus in Utersum in Eigenleistung erstellt.

Die Wehr ist in fünf Löschgruppen aufgeteilt, wovon eine der Musikzug ist. Von den verbleibenden vier am Brandherd einzusetzenden Gruppen ist eine mit Atemschutzgeräten ausgerüstet. Die Ortsfeuerwehr ist regional Mitglied im Kreisfeuerwehrverband Nordfriesland und über diesen im Landesfeuerwehrverband Schleswig-Holstein. Der Landesverband wiederum ist seinerseits im Deutschen Feuerwehrverband vertreten, der in der Bundesrepublik etwa 900 000 Mitglieder hat.

Die Feuerwehr genießt in den drei Heimatgemeinden ein hohes Ansehen. Seitdem im Jahre 1957 auch eine Jugendfeuerwehr ins Leben gerufen wurde, ist es für die meisten Jungen selbstverständlich, vom Schulalter an eine Feuerwehruniform zu besitzen. Nahtlos erfolgt später bei den heranwachsenden jungen Männern der Übergang in die Wehr, so daß bei der Mitgliederentwicklung in den letzten 30 Jahren eine zahlenmäßig ansteigende Tendenz zu verzeichnen ist, die sich mit 105 Mitgliedern im Jahre 1987 sehr deutlich zeigt. Bis zum 45. Lebensjahr sind die Männer im aktiven Feuerwehrdienst, danach bleiben sie in Reserve bis zum 65. Jahr.

Das jährliche Stiftungsfest am 20. Januar ist in erster Linie ein gesellschaftliches Ereignis der drei Dörfer. Der Tag beginnt mit dem Weckruf, einem Trompetensolo zu früher Morgenstunde. Dies Hornsignal verdankt seine Herkunft der Amerika-Reise von Richard Quedens aus Dunsum. An Bord eines Hapag-Schiffes hörte er während der Überfahrt täglich dies Trompetensolo, und es beeindruckte ihn so sehr, daß er es nach seiner Rückkehr hier einführte. Dazu bot sich für ihn die beste Gelegenheit, als ihm im Jahre 1932 die Aufstellung und Ausbildung einer Feuerwehrkapelle übertragen wurde. Seit 1933 erklingt am Stiftungstag frühmorgens also das Trompetensolo, und nach dem Mittagessen versammeln sich alle Feuerwehrmänner zum Ummarsch durch Utersum, in jährlichem Wechsel damit entweder in Hedehusum beginnend oder in Dunsum. „Abholen der Kameraden" wird diese Traditionszeremonie genannt. Abends erreicht das Fest mit einem Essen und mit Musik und Tanz dann seinen Höhepunkt.

Die Feuerwehr wird im Einsatz geleitet und in der Öffentlichkeit vertreten durch ihren Hauptmann. Von der Gründung an sind folgende Männer in dieses Amt gewählt worden:

1897–1922   Ocke Elfried Hinrichsen
1922–1928   Christian Diedrich Peters
1928–1948   Johannes Jürgensen
1948–1972   Heinrich Otto Jensen

1973–1985 Oskar Riewerts
ab 1985 Walter Jensen

Seit 1902 besitzt die Feuerwehr ihre Fahne. Es ist nicht überliefert, wer sie gestiftet hat. Ihr Motto bleibt für alle Zukunft bestehen: „Gott zur Ehr, dem Nächsten zur Wehr".

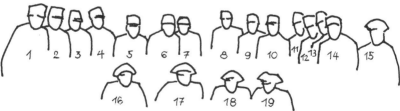

Abb. 36 Hedehusumer Feuerwehrmänner im Januar 1986

1 Heinrich Elvert, 2 Herbert Petersen, 3 Carl Volkert Rörden, 4 Gustav Martensen, 5 Henry Elvert, 6 Joachim Panten, 7 Nickels Nielsen, 8 Leif Nickels, 9 Henry Nielsen, 10 Harald Ganzel, 11 Bernd Martensen, 12 Thies Helmcke, 13 Julius Ganzel, 14 Carl Schultz, 15 Harald Rörden, 16 Karl Werner Lorenzen, 17 Jan Peter Rörden, 18 Hark Martensen, 19 Bernd Lorenzen.

Jagd und Jäger

Nach friesischem Verständnis war die Jagd in früheren Zeiten frei für jedermann. Ein jahrhundertealtes Jagdrecht oder jagdliches Brauchtum, das sich historisch entwickelt hätte, gibt es auf Föhr also nicht. Erstmals befaßt sich die Gemeindevertretung von Hedehusum mit dem Thema Jagd am 24. November 1877, nachdem die Königliche Landvogtei zu Wyk angefragt hatte, welche neuen Beschlüsse die Gemeinde zur Jagdausübung gefaßt habe. „Hierauf wurde einstimmig beschlossen, daß die Jagd auch ferner wie bisher ruhen solle," lautet dazu die kurze Eintragung im Sitzungsprotokoll.

Erst 13 Jahre später wurde am 27. Dezember 1890 der erste Jagdpachtvertrag zwischen der Gemeinde und drei Eingesessenen geschlossen. Dies waren Heinrich Rörden, Deodor Julius Johannen und Hinrich Emil Grumsen. Der Vertrag lief über drei Jahre zu einem Pachtpreis von drei Mark jährlich und mutet in seiner Formulierung nahezu neuzeitlich an. Die Pächter wurden darin deutlich auf ihre Pflichten hingewiesen, wie z. B. in § 5, in dem es heißt: „... Hetz- und Parforcejagden anzustellen, ist ihnen untersagt. Sie haften für den Ersatz jeden Schadens, welchen sie selbst oder diejenigen, denen sie die Erlaubniß, auf dem Jagdrevier zu jagen ertheilt haben, bei Ausübung der Jagd an den Grundstücken oder deren Früchten verursachen ..."

Tab. 34 Jagdverpachtung in Hedehusum vor dem 1. Weltkrieg

Datum	Dauer in Jahren	Pacht/Jahr	Pächter
27. 12. 1890	3	3,00 Mark	Heinrich Rörden Deodor J. Johannen Hinrich E. Grumsen
30. 12. 1893	3	10,00 Mark	Hans H. Petersen
2. 1. 1897	6	5,00 Mark	Hans H. Petersen
2. 1. 1903	6	6,00 Mark	Hans H. Petersen
1. 1. 1909	6	100,00 Mark	J. Hohberg, Wyk

Die drei ersten Jagdpächter haben sich nach dem Ablauf ihrer Zeit nicht wieder um eine Pacht bemüht. Es fällt auf, daß die Pachtsumme im Jahre 1909 eine bis dahin nicht übliche und deshalb sehr ungewöhnliche Größenordnung von hundert Mark erreichte. Aus dem Dorfprotokoll ist nicht zu ersehen, welches der Grund für eine solche Erhöhung war. Es ist aber denkbar, daß der nicht in Hedehusum lebende Bewerber um eine Jagdberechtigung durch die Höhe der Summe von seinem Vorhaben abgehalten werden sollte. Das gelang aber nicht, und so kam die Gemeindekasse zu einer beachtlichen jährlichen Einnahme durch die Jagd.

Als jagdbares Wild gab es damals im wesentlichen nur Hasen auf Föhr und Wildenten, wenn diese während des Herbstzuges auf der Insel Rast machten. Die heute so zahlreich zu beobachtenden Wildkaninchen waren unbekannt, sie sind ausgesprochene Newcomer auf Föhr; das erste ihrer Art wurde 1944 erlegt. Wahrscheinlich sind sie während der Winter im Zweiten Weltkrieg über das Eis von Amrum her eingewandert. Ihre starke Vermehrungsrate wird immer wieder dezimiert durch die Myxomatose, die auf Föhr zum ersten Male 1959 festgestellt wurde, so daß der Bestand durch eine natürliche Regulierung nicht überhandnehmen kann. Diese Viruskrankheit hat allerdings zur Folge, daß die Wildkaninchen aus hygienischen Gründen als Wildbret nicht mehr gefragt sind, sie werden nach dem Abschuß meistens an Tiergärten zum Verfüttern weitergegeben.

Jagdfasanen wurden von der Jägerschaft auf Föhr erneut in den Jahren zwischen 1930 und 1933 ausgesetzt und eingebürgert, nachdem um 1912 ein erster Versuch mit einer anderen Rasse als der heutigen erfolglos geblieben war. Die Jagdgenossen Christian Bendsen und Peter Jensen aus Wyk ließen damals in den Revieren von Utersum, Oldsum, Oevenum und Wrixum insgesamt 68 Jagdfasanen (Phasianus colchicus) frei. Für diese Rasse waren die Lebensbedingungen auf der Insel offenbar günstig, außerdem ruhte die Jagd während der Kriegszeit und in den Nachkriegsjahren weitgehend, so daß ihre Vermehrung und Ausbreitung über die ganze Insel zügig vorangehen konnte, wie die Anzahl der erlegten Hähne während einer Jagdsaison zeigt.

Tab. 35 Fasanenstrecke auf Föhr[49] im Jahre 1960

Revier	Hähne
Boldixum	103
Wrixum	250
Oevenum	67
Midlum	108
Alkersum	452
Toftum	63
Oldsum	310
Süderende	622
Dunsum	225

Utersum	250
Hedehusum/Witsum	156
Borgsum	921
Goting	324
Nieblum	131
Gesamtzahl	3777

Rehe leben nur ab und zu auf der Feldmark von Hedehusum. In schneereichen Wintern findet man Spuren von ihnen oder sieht einige in der Nähe des Dorfes auf der Suche nach Äsung. Auch das Rehwild wurde auf der Insel erst im Jahre 1939 eingeführt, als im Rahmen eines jagdwissenschaftlichen Versuchs im Gebiet zwischen Wyk und Nieblum drei Böcke und zwei Ricken aus westdeutschen Revieren ausgesetzt wurden. Dies Experiment konnte wegen des Krieges erst 1956 abgeschlossen werden, wobei sich durch Vergleiche, durch Messen und Wiegen und viele andere Daten ergab, daß bis dahin z.B. Degenerationserscheinungen nicht aufgetreten waren. Nach dem Ende des Versuchs wurden noch zweimal Rehe auf Föhr zur Blutauffrischung ausgesetzt, diesmal aus dänischen Revieren. Im Jahre 1974 ergab eine Zählung auf der ganzen Insel einen Bestand von 101 Böcken, 107 Rikken und 68 Jungtieren, insgesamt also von 276 Rehen. Diese Zahl wird sich auch heute noch nachweisen lassen. Im übrigen wurden zu solcher genetischen Auffrischung mehrfach auch andere Wildarten aus fremden Revieren auf Föhr ausgesetzt, und zwar 60 Fasanen im Jahre 1956, etwa 40 Hasen 1958/59 und wiederum 95 Fasanen im Jahre 1969.

Die Jagdsaison beginnt in Hedehusum im Oktober nach dem Wyker Jahrmarkt und endet im Dezember um Weihnachten. Während dieser Zeit werden in der Regel drei, höchstens vier Jagden durchgeführt, zu denen mehrere befreundete Jäger als Gäste geladen werden. Bedeutungsvoll ist jeweils die erste solcher Treibjagden, weil sich am Abend dieses Tages Jäger und Treiber gemeinschaftlich bei Joachim Panten zum „Schüsseltreiben" zusammenfinden. Es entspricht durchaus jagdlichem Brauch, daß dann nach dem Essen und unter Zuhilfenahme hochprozentiger Bowlen in launigen Ansprachen die Treffsicherheit der Schützen und andere Ereignisse gewürdigt werden. Man berichtet von Vorkommnissen anläßlich dieser Zusammenkünfte, die gewissermaßen in die Jagdgeschichte des Dorfes eingegangen sind, die sich aber wegen des Datenschutzes einer schriftlichen Überlieferung entziehen.

Tab. 36 Jagdliche Strecke auf der Gemarkung Hedehusum

	1957	1959	1962	1967	1970	1972	1985	1987
Fasan	62	108	30	71	113	43	52	20
Rebhuhn	–	–	–	2	–	1	–	–
Hase	30	36	24	20	14	20	52	20
Kaninchen	7	29	149	20	355	89	205	5

Die großen Unterschiede in der Strecke der Wildkaninchen lassen sich, wie schon erwähnt, mit der Myxomatose erklären, die in unregelmäßigen Zeitabständen durch immer neue Virusstämme den Bestand eines Reviers nahezu vernichtet. Bei den Fasanen hingegen geben regenreiche Frühjahrs- und Frühsommerwochen, aber auch in zunehmendem Maße der Einsatz immer schneller werdender Maschinen in der Landwirtschaft vielen am Boden ausgebrüteten Jungvögeln keine großen Überlebensmöglichkeiten.

Zwischen den beiden Weltkriegen war Hans Heinrich Petersen erneut der Jagdpächter, wie schon von 1894 bis 1908. Die Pachtsumme betrug damals 100,00 RM, sie wurde durch das Reichsjagdgesetz von 1936 dann auf 0,50 RM je ha festgesetzt. Nach dem Tode von Hans H. Petersen, der 1941 starb, ruhte die Jagd für zehn Jahre. Sie wurde von den englischen Besatzungsbehörden für Hedehusum/Witsum im Jahre 1951 wieder freigegeben, neuer Jagdpächter wurde damals Harald Petersen. Er war ein ebenso eifriger Nimrod wie sein Vater vor ihm. Von 1970 an, Harald Petersen war inzwischen verstorben, ist sein Neffe Herbert Petersen der Jagdpächter. Er machte drei weitere Jäger aus Hedehusum zu Mitpächtern, so daß im Revier vier Jagdausübende vertreten sind.

Tab. 37 Jagdausübende in Hedehusum

Jahr	Pächter	Mitpächter
1970–1979	Herbert Petersen	Gustav Martensen Heinrich Elvert Joachim Panten
1979–1988	Herbert Petersen	Gustav Martensen Heinrich Elvert Joachim Panten

Abb. 37 Die Hedehusumer Jäger im November 1988
von links: Gustav Martensen, Herbert Petersen, Heinrich Elvert, Joachim Panten; die Kinder: links Frerk Martensen, rechts Stephan Knudsen (Toftum)

Da nach dem Reichsjagdgesetz von 1936 die Mindestgröße eines Jagdreviers mit 300 ha festgelegt wurde, waren damals die Gemarkungen Hedehusum und Witsum zu nur einer Jagdgenossenschaft zusammengelegt worden. Davon bejagen die vier Hedehusumer Jäger etwa 140 ha, also die Feldmark des Dorfes. Auf der Gemarkung von Witsum hingegen ist Christian Daniels der Pächter und Jagdausübende. Die Pachtkosten, die vor dem letzten Kriege 0,50 RM je ha betrugen, haben sich inzwischen auf 4,00 DM je ha erhöht, sie belaufen sich in Hedehusum also auf 560,00 DM im Jahr. Die Dauer einer Pachtperiode beträgt neun Jahre.

Durch die Eingliederung Hedehusums in die Gemeinde Utersum ergab sich die Notwendigkeit einer formalen Neuordnung in den davon betroffenen Gemeinden. Entsprechende Verhandlungen führten im Jahre 1979 zu dem Ergebnis, daß die Jagdgenossenschaft Utersum (incl. Ortsteil Hedehusum und Gemeinde Witsum) jetzt aus zwei Jagdbezirken gebildet wird. Jagdbezirk 1 ist allein die Gemarkung Utersum, Jagdbezirk 2 setzt sich zusammen aus den Gemarkungen Hedehusum und Witsum. In der neuen Jagdgenossenschaft Utersum blieben als

Jagdbezirk 2 also die historisch gewachsenen Reviere erhalten, eine gute Entscheidung. Als Jagdvorsteher wurde Magnus Schmidt gewählt, der damalige Bürgermeister von Utersum. Abschließend sollte noch hinzugefügt werden, daß die Waidmänner aus Hedehusum bei ihrer Jagdausübung nicht nur die Bestimmungen des deutschen Jagdgesetzes beachten, das im übrigen als eines der vorbildlichsten der Welt gilt, sondern sich durchaus in einer fast 100jährigen Tradition des jagdlichen Brauchtums ihres Dorfes sehen.

Tab. 38 Niederwildstrecke auf Föhr 1977–1986[50]

	1977	1978	1979	1980	1981	1982	1983	1984	1985	1986
Hasen	1828	1020	1007	1616	1969	1485	1659	1753	1843	1775
Fasanen	2018	961	665	1885	1554	1249	919	824	1362	1542
Tauben	1199	1191	1023	1047	1229	1011	1218	1250	1042	1579
Enten	1230	1315	1323	1117	1735	1180	1698	1589	1794	1944
Kaninchen	789	1004	445	1480	2151	2045	2278	2626	2568	3462
Rebhühner	87	57	36	60	101	45	48	19	6	4
Schnepfen	256	111	180	87	107	45	101	55	69	84

Der Fischfang

Als Selbstverständlichkeit kann gelten, daß das Wattenmeer von den Bewohnern Hedehusums schon immer zum Nahrungserwerb genutzt wurde. Aber obwohl hier stets Fische gefangen und angelandet wurden, sind die Hedehusumer doch niemals Fischer im eigentlichen Sinn geworden. In den Provinzialberichten von 1793 beschreibt Pastor Jacob Boysen, damals in St. Johannis tätig, schon ziemlich genau eine althergebrachte Methode des Fischfangs: „Um Schollen und Butten zu fangen, bedarf es nicht so vieler Umstände. Nicht weit von der Küste, an Orten, welche zur Zeit der Ebbe trocken werden, macht man aus Reisern einen Zaun, fast in Gestalt eines lateinischen großen V mit der Öffnung nach dem Lande zu. Zur Flutzeit geht dieser Zaun ganz unter Wasser, und wenn dieses nachher bei der Ebbe abläuft, bleiben die Fische davor liegen und können demnächst trockenen Fußes aufgesammelt werden. Diese Art der Fischerei betreiben jetzt gewöhnlich nur diejenigen, welche zur See nichts mehr verdienen können, als eine Nebenbeschäftigung; sich davon ernähren können sie nicht. In älteren Zeiten, da die Einwohner sich noch nicht so stark der Seefahrt widmeten, hat fast jede Familie ihre bestimmte Stelle am Ufer gehabt, wo sie zum Fischen einen solchen ‚Guard' den Sommer über hatten. Diese wurde als eine Pertinenz des Hauses mit demselben verkauft. Jetzt sind hier nur sehr wenige, welche sich damit befassen."[51]

Obwohl nach friesischem Verständnis und Recht, wie auch bei der Jagd, der Fischfang an sich frei war, gab es offenbar örtliche Besitzansprüche beim Fischen im Watt. Dies bestätigt eine gerichtliche Auseinandersetzung aus dem Jahre 1603, in der Ocke Hinrichsen von Westerlandföhr vier Mark lübsch Strafe zahlen mußte, weil er seine Angelleinen an einer Stelle ausgelegt hatte, an der sonst Jens Ocke fischte.

Noch eine andere Begebenheit aus früherer Zeit wegen des Fischfangs im Watt soll berichtet werden. Am 3. März 1690 notierte Pastor Wedel von St. Laurentii im Kirchenbuch unter dem Namen der 28jährigen Tochter Marrin von Peter Jürgens aus Haus Nr. 7 in lateinischer Sprache: „noctu piscatumivit et submersa est", zu deutsch: „sie hat während der Nacht gefischt und ist ertrunken." Das Watt war immer bedeutungsvoll für Hedehusum, und dieses Vorkommnis zeigt, wie gefährlich es sein kann.

Der von Pastor Boysen beschriebene Fischgarten wurde aus einem Geflecht (fö. *fleecht*) von Weidenruten und Kokostau erstellt, wobei die meterlangen Weidenruten durch aufgedrilltes Tauwerk geschoben und untereinander verbunden und zusammengehalten wurden.

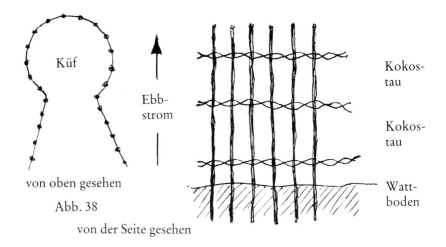

Abb. 38

Die Herstellung dieses Geflechts geschah im Winter. Im Frühjahr, wenn die Nordsee eisfrei war, wurden die Ruten in den Wattboden gedrückt und in der Art aufgestellt, wie es Boysen beschrieb. Bis in den Monat Mai hinein fand man nahezu ausschließlich Schollen in dieser trichterförmig aufgestellten Fangeinrichtung, die meisten in der Reuse, die am hinteren Ende des Fischgartens befestigt war. Wenn im Mai dann die Makrelen erschienen, wurde die Reuse entfernt und durch einen kreisförmigen Abschluß der Seitenwände ersetzt, fö. *Küf* genannt, der wiederum aus Weidengeflecht bestand.

Nach Mitteilung von Tönis Rörden wurde ein Fischgarten aus diesem Material bis in die Mitte unseres Jahrhunderts in größerem Abstand vom Strand auf den Muschelbänken in der Nähe des Priels im Watt betrieben. Wenn im Juni nach stürmischen Tagen Tang und Algen im Wattenmeer umhertrieben und das Weidengeflecht verstopften, wurde der Fischgarten aufgenommen, um erst im nächsten Frühjahr wieder aufgestellt zu werden. Hans Heinrich Petersen, der Besitzer dieses Fischgartens, ist oft mit Pferd und Wagen ins Watt hinausgefahren, um den Fang zu bergen. Außer Schollen und Makrelen, die in früheren Jahrzehnten viel zahlreicher im Wattenmeer vorkamen und deshalb in großer Menge täglich gefangen werden konnten, fanden sich andere Fischarten nur als Einzelexemplare gelegentlich ein. Hornfische wurden hier damals nicht gefangen, der Fischgarten stand offenbar zu weit draußen für diese das flache Wasser liebende Fischart, und Meeräschen waren gänzlich unbekannt. Gerade letztere beleben seit etwa 1965 zunehmend das Wattenmeer, sie müssen hier einen Lebensraum gefunden haben, der ihnen genügend Möglichkeiten bietet, in den Sommermonaten hier zu existieren.

Andererseits läßt sich am Ende des 20. Jahrhunderts eine Fischart im Watt vor Hedehusum nicht mehr feststellen, die vor 200 Jahren das nordfriesische Wattenmeer als bevorzugtes Laichgebiet sehr zahlreich aufgesucht hat. Es handelt sich um den Nagelrochen, einen Knorpelfisch und deshalb verwandt mit den Haien. Darüber berichtet ebenfalls Pastor Boyens in den Provinzialberichten: „Die Rocheln werden in einiger Entfernung von der Küste gefangen. Man rammelt zu dem Ende im Frühjahr eine Anzahl Pfähle, etwa 30 oder mehr, in einem Seestrome ein und spannt Netze dazwischen. Die Rocheln, welche durch den Ebbstrom davongetrieben werden, bleiben, solange die Ebbe dauert, still liegen und werden, ehe die Flut wiederkommt, mit einem Haken ins Boot heraufgeholt. Die gefangenen Fische werden sodann ans Land gebracht, und was nicht gleich frisch verkauft werden kann, wird ausgeweidet und auf Stangen zum Trocknen aufgehangen. Die getrockneten Rocheln werden größtenteils nach Jütland verkauft. Es sind um Föhr herum drei Fischereien dieser Art."[52] Jede Fischerei hatte acht Interessenten, die abwechselnd je vier und vier fischten, so daß keine fremden Leute dabei gebraucht wurden. Eine dieser Rochelfischereien soll im Jahre 1771 nach einem Bericht aus jener Zeit 6000 Rochen gefangen haben. Wenn in diesem Bericht auch keine Ortschaft genannt wird, kann doch davon ausgegangen werden, daß Bewohner von Hedehusum mit dem Fang von Rochen beschäftigt waren, zumindest für den eigenen Verzehr.

Etwa um 1980 errichtete Joachim Panten, genannt Joe, seinen großen Fischgarten nur etwa 50 m von der Flutkante entfernt. Entsprechend den Erfahrungen während einer Fangsaison ist die Anordnung der Netze und Reusen allerdings wiederholt ein wenig verändert worden. Neben den Netzen besteht das Material des Gartens vor allem aus Rundholzpfählen, die in den Wattboden getrieben werden. Die Fangperiode hat Joe jährlich von Mitte April bis etwa Mitte Oktober ausdehnen können, viel länger also, als es früher möglich und üblich war. Zwar werden die Netze im Sommer durch treibende Algen und durch Tang ebenfalls verstopft und beschädigt und müssen repariert werden, sie überstehen aber besser rauhen Wellenschlag und starke Strömung als die Weidenruten früherer Zeiten.

Seit Anfang der siebziger Jahre betreibt auch Peter Schultz den Fischfang mit dem Fischgarten in Partnerschaft mit Christian Daniels aus Witsum. Dieser Fischgarten befindet sich im Watt vor Witsum. Wie Peter Schultz berichtet, hat sich die Artenvielfalt der im Watt anzutreffenden Fische im Vergleich zur ersten Hälfte unseres Jahrhunderts verändert. Die Vielfalt ist größer geworden, die Anzahl innerhalb der einzelnen Arten jedoch geringer. Gegenwärtig gehen vor allem folgende Fischarten während der sechsmonatigen Fangperiode in die Netze:

    Scholle . . . . Mitte April bis Mitte Oktober
    Hornfisch . . . . Anfang Mai bis Mitte Juli
    Meeräsche . . . . Mitte Mai bis Ende September
    Aal . . . . ab Mai

Makrelen, die früher ebenfalls in Fischgärten weiter draußen im Watt gefangen wurden, werden heute vom Boot aus geangelt. Im Mai kommen sie in großen Schwärmen in unser Küstengebiet und werden vor Hörnum und Amrum erwartet. Man räuchert sie an mehreren Stellen im Dorf, sie sind dann ein delikates und sehr schmackhaftes Fischgericht. Darüber hinaus finden sich im Fang auch Einzelexemplare von Fischarten, die hier als Irrgäste genannt werden sollen: Lachs, Meerforelle, Seebarsch, Seehase, Hering, Holzmakrele, Stint, Seezunge, Neunauge. Vom Frühjahr bis zum Herbst besteht im Dorf also täglich die Möglichkeit, frischen Fisch zu erhalten und damit ein tierisches Eiweiß, das nach heutigen Erkenntnissen ein außerordentlich gesundes Hauptnahrungsmittel ist.

Abb. 39 Joe Panten leert den Fischgarten

Menschen und Ereignisse

Bekanntlich sind Namen „Schall und Rauch", und man muß es als normal ansehen, wenn die Lebensspuren der meisten Menschen nach zwei oder drei Generationen nicht mehr auffindbar sind. Nur selten gibt es durch schriftliche Aufzeichnungen oder andere Hinweise die Möglichkeit, eine länger zurückliegende Lebensbahn nachzuvollziehen und dadurch Einblicke zu erhalten in Zusammenhänge und Abläufe vergangener Zeiten.

Lorentz Ocken

Eine solche Lebensspur ist die von Lorentz Ocken. Er wurde als jüngstes Kind der Eheleute Ock Lorentzen und Jung Marret Rörden am 15. Dezember 1754 in Hedehusum geboren. Gemeinsam mit seinen vier älteren Schwestern Marret, Anna, Tadt und Kerrin wuchs er im Haus Nr. 9 heran. Kindheit und Jugendzeit waren geprägt von der Seefahrt; der Vater ist als Grönlandfahrer in der Seefahrerliste von 1757 aufgeführt, und nahezu alle männlichen Verwandten waren ebenfalls Seeleute. Die Familie war beliebt und angesehen, was sich darin ausdrückte, daß der Vater in den Jahren 1777–79 Jurat war, also Mitglied des Kirchenvorstandes, und auch als Gangfersmann gewählt wurde, d. h. er war einer von 40 Steuerschätzern auf Westerlandföhr. Die Wahl in dies Ehrenamt erfolgte für die Dauer von fünf Jahren und ist vergleichbar mit einem Sitz im Kreistag zu preußischer Zeit.

In welchem Alter Lorentz Ocken seine eigene seemännische Laufbahn begonnen hat, ist nicht überliefert. Man kann davon ausgehen, daß die ersten Fahrten gemeinsam mit befreundeten und verwandten erfahrenen Grönlandfahrern ins Eismeer führten, wo er auf diese Weise nicht nur erste seemännische Kenntnisse sammelte, sondern auch die durch Generationen traditionsgemäß überlieferten Verhaltensweisen der Männer an Bord kennenlernte und ihnen nacheiferte.

Am 15. Januar 1779 heiratete er die 21jährige Krassen Wögens (1757–1829) aus Utersum. Dies Hochzeitsdatum weist ebenfalls auf die Tradition der Walfangzeit hin, in der Familienfeste hauptsächlich während der Wintermonate gefeiert wurden, wenn die Seefahrer zu Hause waren. Gerade bei Hochzeiten ist dies nachweisbar, weil sie durch amtliche kirchliche Eintragungen überliefert sind. Häufig kam es dabei zu mehreren Hochzeiten im Dorf am gleichen Tage, wie z. B. der Vermerk von Pastor Quedensen im Kirchenbuch von St. Laurentii zeigt:

„Anno 1747, den 24 Dec: auf Dom. 4 Advent
sind in der Kirchen öffentlich verlobet

Jenß Wögens aus Heddehusum
und Thur Nickelsen aus Midlum.

Sönk Jacobs aus Heddehusum
u. Gundel Hayen aus Oldsum.

Matz Jung-Söncken aus Klintum
u. Ehlen Olufs aus Heddehusum ...

Anno 1748, den 12 January sind oben
gedachte Personen in der Kirchen Copuliret."

Auch hier fanden die Eheschließungen zweier junger Männer und einer jungen Frau des Dorfes im Januar statt. Die von der Kanzel verlesene öffentliche Verlobung, die dem heutigen Aufgebot entsprach, war drei Wochen vorher am 4. Advent erfolgt. Damals war „Copulation" das gebräuchliche Wort für Eheschließung.

Lorentz Ocken wohnte nach seiner Hochzeit zunächst mehrere Jahre hindurch in Utersum, bevor er mit seiner Familie in sein Elternhaus nach Hedehusum zurückkehrte. Das geschah im Jahre 1785, nachdem seine unverheiratete Schwester Tadt gestorben war, die bis dahin dort gewohnt hatte.

Über die berufliche Laufbahn von Lorentz Ocken gibt es einen ziemlich genauen Hinweis durch ein Schiffsbildnis, das noch vor 25 Jahren im Hause Nr. 9 hing, inzwischen aber trotz Nachforschung nicht mehr auffindbar ist. Dies Bild war beschriftet mit: „Kapitän Lorenz Ocken 1789". In jenem Jahr war er 35 Jahre alt und führte also als Kapitän ein Handelsschiff, dessen Name allerdings nicht überliefert ist.

Vier Jahre später, im August 1793, erscheint er in Altona in einer Musterungsliste des Schiffes „Triton", das nach Dünkirchen segeln soll. Und im gleichen Jahr, im Oktober, macht das Schiff „Den Yndige Susanna" ebenfalls von Altona aus eine Reise „mit und für Capt. Laurens Ocken nach Cadix".[53] Der Name des letzteren Schiffes erscheint in den folgenden Jahren mehrfach in Verbindung mit Lorentz Ocken, so daß man davon ausgehen kann, daß er nicht nur der Kapitän, sondern Teilhaber oder gar Besitzer von „Den Yndige Susanna" war. Das schloß nicht aus, daß er während dieser Zeit als Kapitän auch noch Reisen mit anderen Schiffen machte. Dies zeigt eine andere Musterungsliste aus Altona, in der es heißt: „1796 d 19 Martz hat gemunstert Capt. Laurens Ocken der das Schiff fährt Augustine von Altona welches trägt Hundert Last gehet nach Bourdeaux als Passagier allwo das Schiff lieget um damit zu fahren wohin die Frachten fallen. untenstehende Leute fahren bey die Mt (= Monat), welche anfängt vom 21 März und endiget wan der Capt ihnen abdankt in Königl lande. Ein jeder hat 2 Mt auf der Hand empfangen

Capt Laurens Ocken		v Föhr	
Stürm. Jan Jansen		v Föhr	54 M 108
Tim. Riewert Cornelisen		v Föhr	54 M 108
Matros:	Joch. Hinr. Hase	v Döms	30 M 60
	Marcus Haase	v Utersen	30 M 60
	Peter Grip	v Döms	30 M 60
	Hans Jürgen Schmidt	v Döms	30 M 60
	Volkert Laurentzen	v Föhr	30 M 60
Koch u J: Hans Jac. Eckermann		v Altona	30 M 60
Cajutw: Ocke Laurentzen		v Föhr	15 M 30"54

Zwei Mitglieder dieser Besatzung waren übrigens Söhne des Kapitäns, und zwar der 16jährige Matrose Volkert Laurentzen und der damals gerade zwölf Jahre und drei Monate alte Kajütwärter Ocke Laurentzen. Insgesamt gab es in der Familie vier Söhne, die beiden jüngsten waren noch bei der Mutter auf Föhr. Wie aus allen diesen Unterlagen ersichtlich, gehörte Lorentz Ocken also zu den etwa 100 Föhringer Kapitänen, die am Ende der Grönlandfahrerzeit um 1800 von der damals noch selbständigen Hafenstadt Altona aus ein Handelsschiff führten oder gar als Eigentum besaßen. Ihm war der Übergang zur Kauffahrteischiffahrt mit Erfolg gelungen. Um 1799 muß er die Seefahrt aufgegeben haben, denn zwischen 1799 und 1801 war Lorentz Ocken einer der beiden für Hedehusum gewählten Regulierungsmänner, die während dieser Zeit dem Landmesser H. Lund bei seiner Arbeit für die amtliche Landumlegung im Dorf halfen.

Wenn er mit 45 Jahren schon Abschied von der Seefahrt nehmen konnte, um bei seiner Familie bleiben zu können, muß Lorentz Ocken damals ein gut situierter Mann gewesen sein. Das erscheint glaubhaft, wenn man bedenkt, daß er viele Jahre Schiffe glückhaft als Kapitän geführt hatte, was nicht nur durch eine entsprechende Heuer abgegolten wurde, sondern auch durch eine Beteiligung am Kapitalgewinn der Ladung. Und wenn er dazu noch Mitreeder oder gar alleiniger Eigner von „Den Yndige Susanna" war, hatte der Verkauf des Schiffes einen zusätzlichen großen Erlös gebracht. Der Landbesitz, der ihm nach der Landaufteilung 1801 zufiel, gehörte zu den größten in Hedehusum;

dazu erbte er von seinem Vater noch Kirchenland zur Nutzung, eine sog. Feste. Das Ansehen, das man ihm entgegenbrachte, äußerte sich wiederum darin, daß man auch ihn zum Gangfersmann wählte, wie schon seinen Vater. Lorentz Ocken hatte allerdings keine lange Lebensbahn, er starb am 20. 8. 1811, nur 57 Jahre alt.

Namen Peter Matthiessen

In der Kirche von St. Laurentii hängt an der südlichen Wand nicht weit vor dem Altar ein Bild, das „Jesus bei Maria und Martha" betitelt ist. Wie aus dem kirchlichen Inventarverzeichnis von 1871 zu erfahren ist, wurde dies Bild von Namen Peter Matthiessen um 1840 gemalt und im Jahre 1869 von ihm der Kirche geschenkt. Er war damals Lehrer in Hohenwestedt, einer Gemeinde an der Bahnlinie zwischen Neumünster und Heide.

Namen Peter Matthiessen stammt aus Hedehusum. Seine Lebensbahn soll hier aufgezeigt werden, weil sie in der Kunstgeschichte eine gewisse Bedeutung erhielt, im übrigen in jener Zeit aber eher untypisch für einen Föhringer war. Er wurde am 18. Juli 1799 in Haus Nr. 8 geboren, sein Vater war der Schiffer Peter Matzen. Als Geschwister hatte er fünf Brüder und zwei Schwestern. Die jüngeren von ihnen, Keike und Christian, wurden schon im Schulprotokoll von Utersum erwähnt, und die ältere Schwester Ing Peter Matzen ist uns durch das Bildnis von Oluf Braren bekannt. Während seiner Schulzeit in der Utersumer Schule wurde zunächst sein der Malerei zugetaner Lehrer Oluf Braren auf die zeichnerische Begabung des Knaben aufmerksam und hat ihm wohl geraten, eine künstlerische Ausbildung aufzunehmen. Matthiessen folgte diesem Rat nach der Schulzeit, ging für mehrere Jahre nach Eutin und wurde Schüler in der Zeichen- und Malschule von Wilhelm Tischbein, dem Hofmaler des Herzogs von Oldenburg.

In Eutin besuchte ihn im Jahre 1819 sein ehemaliger Lehrer Oluf Braren. Zwischen ihm und dem 12 Jahre jüngeren Matthiessen hatte sich inzwischen eine Freundschaft entwickelt, die vor allem für Braren von großer Wichtigkeit werden sollte. Bei Besuchen auf der Heimatinsel brachte Matthiessen nämlich durch eigene Arbeiten und Informationen aus dem Atelier von Tischbein immer wieder Impulse über die akademische Malweise jener Zeit mit. Sie flossen ein in die bis dahin ursprüngliche und naive Malweise Brarens und führten schließlich zu Bildnissen, die ihn Jahrzehnte nach seinem Tode zu dem bedeutsamen Maler von Föhr werden ließen.

Namen Peter Matthiessens künstlerische Hinterlassenschaft ist klein, sie umfaßt nur etwa 10 Bilder. Seine Stärke war offenbar das Por-

Abb. 40 Lorenz Hinrich Rickmers aus Oldsum, Wasserfarben, gemalt 1820 von Namen Peter Matthiessen (52 × 40 cm), Privatbesitz

trätieren. Davon zeugt auf Föhr noch eine Arbeit, die den Oldsumer Lehrer-Seminaristen Lorenz Hinrich Rickmers im Jahre 1820 darstellt. Sie befindet sich noch heute im Besitz der Familie. Die beiden gleichaltrigen jungen Männer, der Maler und der Dargestellte, waren miteinander bekannt, und es ist möglich, daß Matthiessen durch Rickmers entscheidende Hinweise auf das Lehrerseminar in Tondern erhalten hat, das letzterer nach seinem Examen im Jahre 1821 verließ.

Es ist nicht überliefert, wie lange Namen Peter Matthiessen in Eutin lebte und seiner künstlerischen Ausbildung nachging. Mit der Ausführung von Porträtaufträgen verdiente er sich seinen Lebensunterhalt einige Jahre, wenn auch nur spärlich, so daß er sich entschloß, ebenfalls Lehrer zu werden. Zur Vorbereitung auf diesen Beruf besuchte er dann, wie vorher Rickmers, das Lehrerseminar in Tondern und legte dort 1830 sein Abschlußexamen ab. Aus dieser Zeit blieb ein Porträt seines Seminar-Lehrers Chr. Sörensen erhalten, das er im Jahre 1829 zeichnete und das als Lithografie gedruckt wurde.

Nach der Seminarzeit erhielt Matthiessen eine gut bezahlte Lehrer- und Organistenstelle in dem inzwischen in Hamburg eingemeindeten Ort Bergstedt und heiratete im Jahre 1831 Sophie Christine Jacobsen aus Nieblum, die Tochter des Pastors von St. Johannis. Seine künstlerische Begabung konnte sich neben den beruflichen Anforderungen offenbar nicht weiter entfalten oder gar zu einem eigenen Stil ausbilden. Diesbezügliche Aktivitäten beschränkten sich in der Folgezeit auf wenige persönliche Bildnisse, deren Verbleib heute unbekannt ist. So blieb sein Werk klein und wenig bedeutsam. Immerhin haben sich doch Kunsthistoriker für seine Arbeiten interessiert, etwa die Hälfte der Bilder von seiner Hand befindet sich im Besitz von Museen.

Namen Peter Matthiessen wechselte seinen Lebensraum und Dienstort um 1840 nach dem schon erwähnten Hohenwestedt, wo er 30 Jahre später starb. Im dortigen Sterberegister befindet sich unter dem 13. Februar 1870 folgende Eintragung:

„Namen Peter Matthiessen, Schullehrer emeritus zu Hohenwestedt, Sohn des Schiffscapitains Peter Matthiessen u. Christine geb. Rörden zu Heddehusen auf Föhr. Er war drei Mal verheirathet.

1. Mit weil. Sophie Christine Jacobsen.
   Davon ist 1 Tochter Pauline Christine Dorothea verheirathete Papsen in Altona.
2. Mit Cara Gorinello, – davon ist 1 Tochter Nanny Christine geb. 18 August 1843.
3. Mit der ihn überlebenden Meta Georgine Christine Friede-

ricke geb. Holm, verwittwete Nissen. – Aus dieser Ehe sind keine Kinder. Es leben aber Kinder der Wittwe aus ihrer früheren Ehe, – Stiefkinder des Verstorbenen.
1. Ida Anna Maria, verheirathete Borgfeld in Reinbeck.
2. Anna Johanne Friedericke Susanne verheirathete Mahrt in Hohenwestedt.

Er war geboren 1799 den 18 Juli. – 70 Jahre alt."

Wie schon gesagt, ist die eigentliche Bedeutung von Namen Peter Matthiessen darin zu sehen, daß er während seiner Eutiner künstlerischen Ausbildungszeit zu einem wichtigen Vermittler wurde zwischen dem dortigen Atelier von Wilhelm Tischbein und dem befreundeten naiv malenden Lehrer Oluf Braren auf Föhr. Ohne diese Anregungen hätte Braren in seinen Bildern nicht jene Ausdrucksstärke erreichen können, die so bewundernswert ist.

Ing Peter Matzen
Es bedarf noch eines weiteren Hinweises auf Ing, die Schwester von Namen Peter Matthiessen. Die heranwachsende junge Frau hatte im Alter von etwa 17 Jahren die leidenschaftliche Zuneigung ihres ehemaligen Lehrers Oluf Braren aus Utersum erwidert und aus dieser Liebesbeziehung über mehrere Jahre zwei Kinder geboren, von denen aber nur Tochter Gardina das Erwachsenenalter erreichte, wie schon erwähnt. Dies Geschehen wird verständlicher, wenn man weiß, daß die gutmütige, etwas schwerfällige und geistig wenig interessierte Ehefrau von Oluf Braren ihrem ungewöhnlich regsamen und mit vielen Dingen beschäftigten Manne offenbar nicht die geeignete Lebensgefährtin sein konnte. Die heute verzeihlichen, für den persönlichen Lebensweg der beiden Liebenden aber sehr viel schwerer wiegenden menschlichen Irrungen führten indes dazu, daß Ing Peter Matzen durch ihre Tochter Gardina gewissermaßen die Ahnfrau aller Nachkommen von Oluf Braren wurde, der aus seiner eigenen Ehe keine Kinder hatte. Wenn auch nicht der Familienname weitergegeben wurde, ist Hedehusum doch die Keimzelle der gegenwärtig bereits in der siebenten Generation hier lebenden zahlreichen Nachkommenschaft Oluf Brarens, ihres heute so bedeutenden Vorfahren. Ing Peter Matzen ist auf ihrem späteren Lebensweg nicht Mittelpunkt einer Familie geworden. Nach einer gescheiterten Ehe mit einem ungeliebten Mann blieb sie allein. In ihrem 70. Lebensjahr verstarb sie 1866 in Hedehusum.

Abb. 41 Ing Peter Matzen mit Kindern um 1820, gemalt von Oluf Braren, Wasserfarben (37,5 × 24 cm), im Altonaer Museum zu Hamburg 1980 verbrannt

Besuch des Bundespräsidenten
In der Chronik einer kleinen Inselgemeinde kann wohl nicht unerwähnt bleiben, daß das Staatsoberhaupt der Bundesrepublik Deutschland, Professor Dr. Karl Carstens, diesen Ort besucht hat. Eingeleitet wurde dies Vorhaben, das am 26. August 1983 stattfand, vom damaligen Landtagspräsidenten des Landes Schleswig-Holstein, Rudolf Titzck, und zwei Föhrer Landfrauen während der Grünen Woche in Berlin durch eine Einladung zu einer Wattwanderung von Föhr nach Amrum. Welch seltenes Ereignis. „Gäbe es für Staatsbesuche ein Buch der Rekorde, dann hätte sich der Bundespräsident gleich dreimal darin eintragen können, denn noch nie ist ein deutsches Staatsoberhaupt durchs Watt von einer Insel zur anderen gegangen und noch nie hat ein deutsches Staatsoberhaupt die Inseln Föhr und Amrum besucht", schrieben dazu die Kieler Nachrichten am 26. August 1983. Nahezu 120 Jahre waren vergangen, seitdem zum letzten Male der höchste Repräsentant eines Staates Föhr einen Besuch abstattete. König Frederik VII. von Dänemark besuchte 1860 die Insel und war sicher auch in Hedehusum, da er sich gern über die Insel kutschieren ließ.

Der Föhrer Landfrauenverein hatte den Bundespräsidenten und seine Begleitung am Abend vor der geplanten Wattwanderung zu einem Essen nach Hedehusum eingeladen, und zwar in das Haus von Ruth und Reinhard Bordel. Mehrere Zusammenkünfte des Vereinsvorstandes ließen erkennen, daß eine große Organisation notwendig sein würde, die zu erwartenden 37 Personen zu bewirten. 148 Teller mit gleichem Dekor wurden benötigt, dazu die Bestecke, dann Tische und Stühle, Tischdecken und Servietten, Tischleuchter und Blumengestecke sowie Gläser und Tassen in entsprechender Anzahl, alles aus dem persönlichen Bestand von Föhrer Familien.

Die Gäste erschienen zu abendlicher Stunde nach einem zu ihren Ehren im Wyker Kurhaus am Nachmittag gegebenen Empfang und verbrachten abseits von Kameras, Presse und Fernsehen Stunden der Entspannung in zwangloser und freundschaftlicher gegenseitiger Zuwendung. Die Föhrer Landfrauen servierten ein Aalessen, das in ihren eigenen Küchen in Hedehusum zubereitet worden war, während das Räuchern der Aale Joe Panten übernommen hatte. Es versteht sich von selbst, daß in der Begleitung des Bundespräsidenten und seiner Frau sowohl Ministerpräsident Barschel und Landtagspräsident Titzck mit ihren Ehefrauen waren wie auch viele Amtsinhaber des Kreises Nordfriesland einschließlich der Inseln Föhr und Amrum. Die Gäste nächtigten im Kurhaus in Wyk. Am nächsten Tag wanderte der Bundespräsident bei strahlender Sonne in Begleitung von 2500 Menschen durch das Watt nach Amrum, wo ihm, wie schon vorher auf Föhr, ein begeisterter Empfang bereitet wurde.

Abb. 42 Bundespräsident Prof. Dr. Karl Carstens beim Abendessen in Hedehusum

Eingemeindung in die Gemeinde Utersum

Wie die vorhergehenden Kapitel gezeigt haben, sind die Bewohner des Dorfes Hedehusum zu allen Zeiten in harter Arbeit bemüht gewesen, im Rahmen ihrer eigenen Möglichkeiten die Anforderungen und Zwänge des Lebens zu bestehen. Dabei ergab es sich wiederholt, daß die kleine Dorfgemeinschaft eng zusammenrücken mußte, um so mehr durchsetzen zu können oder im persönlichen Bereich durch die Gemeinsamkeit größere menschliche Zuwendung zu erhalten. In unserem 20. Jahrhundert, in dem mit dem Anwachsen der Technik vor allem Bürokratie und Verwaltung sich ausweiteten, scheint offenbar ein so kleines Kommunalwesen wie Hedehusum nicht mehr zeitgemäß und deshalb überflüssig zu sein.

Erstmals im Jahre 1938 versuchte die Kreisverwaltung, eine Veränderung in dieser Richtung durchzuführen. Wie die Dorfbewohner damals zu diesen Bermühungen standen, läßt sich aus dem Protokoll über die entscheidende Sitzung der Gemeindeversammlung vom 14. August 1938 ersehen. Bürgermeister Friedrich Krambeck verlas ein Schreiben, „worin der Herr Landrat ausführt, daß aus Gründen des öffentlichen Wohles (insbesondere Verwaltungsvereinfachung, Ersparung von Verwaltungsausgaben) der Herr Landrat beabsichtige, die Gemeinde Hedehusum auflösen zu lassen und in Utersum einzugemeinden.

Hierzu nahm der Gemeinderat folgende Entschließung an: Der Gemeinderat ist nach wie vor der Ansicht, daß den Bewohnern von Hedehusum bei der Eingemeindung weit mehr Nachteile als Vorteile entstehen würden. Hedehusum liegt immerhin 25 Minuten von Utersum entfernt, wodurch den Bewohnern von Hedehusum große Unannehmlichkeiten entstehen würden. Hedehusum hat es durchgesetzt, daß im Dorfe eine eigene Poststelle errichtet wurde, die Dorfwege wurden festgemacht sowie ein fester Weg vom Dorfe bis an den Grandweg Utersum-Wyk aus eigenen Mitteln geschaffen. Auch wurde die Gemeinde auf ihr Betreiben und Kosten dem Fernsprechnetz angeschlossen, ebenso wurde das Ortsnetz für Licht- und Kraftstrom aus Mitteln der Ortseingesessenen errichtet.

Der Gemeinderat ist der Ansicht, daß dieses alles nicht geschehen wäre, wenn Hedehusum schon früher Utersum angeschlossen worden sei. Der Gemeinderat kann sich deshalb und aus anderen Gründen mit einer Eingemeindung der Gemeinde Hedehusum in die Gemeinde Utersum nicht einverstanden erklären."

Eindeutig nahmen die Hedehusumer damit Stellung gegen das Vorhaben der Kreisverwaltung, und die geplante Eingemeindung unterblieb. Aber 30 Jahre später scheint sich eine Bewußtseinsänderung vollzogen zu haben. Im Protokollbuch der Gemeinde ist unter dem 12. Dezember 1969 vermerkt: „Es entspann sich eine rege Aussprache über eine mögliche Fusion mit der Gemeinde Utersum, die wohl als positiv zu bewerten ist. Es wird angeregt, der Gemeinde Utersum davon Mitteilung zu machen."

Das geschah in einer Zeit der Fortschrittsgläubigkeit und des beispiellosen wirtschaftlichen Aufschwungs. Es war die Zeit, in der sich Einzelbetriebe zu Großbetrieben zusammenschlossen, mittelständische Unternehmer sich an der Bildung von Konzernen beteiligten, Verwaltungen und Behörden überregional zusammengefaßt wurden und sogar kleinere Schulen in Schulzentren übergeführt wurden. Damals standen die Bewohner des Dorfes den Bestrebungen einer Eingemeindung positiv gegenüber, zumal damit ein größerer Zufluß an öffentlichen Geldern in Aussicht gestellt wurde. Nach der für Schleswig-Holstein gültigen Gemeindeordnung können in Ortschaften bis zu 70 Einwohnern alle wahlberechtigten Gemeindemitglieder in kommunalpolitischen Entscheidungen ihres Ortes mitbestimmen. Vom Bürgermeister wurde am 6. Januar 1970 eine solche Gemeindeversammlung einberufen, die beschlußfähig war, und es kam unter folgenden Hedehusumer Bewohnern noch einmal zur Aussprache über das Vorhaben:

Lorenz T. Rörden, *Bürgermeister*

Peter Carstensen	Herbert Petersen
Heinrich Elvert	Jan Petersen
Julius Ganzel	Conrad Rörden
Gustav Martensen	Harald Rörden
Nickels Nielsen	Peter Schultz

Die Aussprache mündete in dem Beschluß, der als letzte Eintragung der selbständigen Gemeindeversammlung im Protokollbuch von Hedehusum nachzulesen ist:

„Nach Erörterung des Entwurfs des Vertrages über die Eingliederung der Gemeinde Hedehusum in die Gemeinde Utersum, wird die Annahme des Vertrages, nach einer gemeinsamen Aussprache mit der Gemeindevertretung der Gemeinde Utersum, beschlossen. Folgende Nebenabsprachen werden zum Beschluß erhoben:

1. Die Bürger der Gemeinde Hedehusum werden aufgefordert, soweit interessiert, der Wählergemeinschaft der Gemeinde Utersum beizutreten. Dem künftigen Ortsteil Hedehusum wird damit die erste Stelle auf der Liste für einen Bewerber zugesichert.

2. Der Bestand der landwirtschaftlichen Geräte der Gemeinde Hedehusum ist in das Eigentum der Jagdgenossenschaft Hedehusum zu überführen. In der Gemeinde Utersum wird bereits ebenso verfahren.
3. Das Jagdwesen wird im Eingliederungsvertrag im § 7 zunächst bis zum Ablauf des Pachtvertrages des gemeinschaftlichen Jagdbezirkes der Gemeinden Hedehusum und Witsum bis zum Jahre 1978 als solchen belassen. Nach Ablauf des Pachtvertrages muß hierüber neu verhandelt werden.
4. Die Amtsverwaltung Westerlandföhr wird beauftragt, geeignete Schritte zu unternehmen, um für die Gemeinden Utersum und Hedehusum die einmalige Zuweisung von DM 100,– pro Einwohner zu erwirken. Diese Zuweisung ist im Finanzausgleichsgesetz für gemeindliche Zusammenschlüsse, die eine Einwohnerzahl von mehr als 500 erreichen, vorgesehen.
5. Als Beauftragter für die Wahrnehmung der Geschäfte der neuen Gemeinde Utersum wird Magnus Schmidt, Utersum, als Stellvertreter Lorenz T. Rörden, Hedehusum, gewählt."

Seither sind bald zwei Jahrzehnte vergangen. Die finanzielle Zuweisung nach dem Finanzausgleichsgesetz wurde dazu verwandt, Hedehusum mit einer Straßenbeleuchtung zu versehen. In der neunköpfigen Gemeindevertretung von Utersum werden die unmittelbaren Interessen von Hedehusum durch zwei in den Kommunalwahlen gewählte Gemeindevertreter wahrgenommen. Das Gefühl der Zusammengehörigkeit der Bewohner im „Ortsteil Hedehusum", wie die amtliche Bezeichnung nunmehr lautet, ist nicht geringer geworden, eher intensiver, wie sowohl bei festlichen Angelegenheiten als auch bei Hilfe in der Nachbarschaft immer wieder festgestellt werden kann. Es ist noch zu früh für eine endgültige Beurteilung des Zusammenschlusses mit der Gemeinde Utersum. Das weitere Anwachsen der Einwohnerzahl in Hedehusum und auch die Zunahme des Bauvolumens in den letzten Jahren deuten allerdings darauf hin, daß die Voraussetzungen für die kommunalpolitische Selbständigkeit dieser kleinen Gemeinde eher zugenommen haben.

Die Häuser und ihre Bewohner

Bei der Berichterstattung über die Häuser werden nachfolgend alle jene Gebäude durch ein Foto dargestellt, die 1988 von Amts wegen als Wohnhäuser galten und deshalb bei der in jenem Jahr durchgeführten Festlegung der Straßennamen und deren Nummernfolge berücksichtigt wurden. Nur bei den 8 Häusern, die vor 1900 erbaut wurden, erfolgt zusätzlich ein Hinweis auf die frühere Nummernfolge, wie sie um 1800 bei der Landumlegung für Hedehusum festgelegt wurde und bis in die Mitte unseres Jahrhunderts Gültigkeit hatte.

Die Hinweise auf die Bewohner sind bewußt kurz gehalten worden, Namen und Daten von Kindern erscheinen nur dann, wenn deren Eltern bei der Entstehung dieser Dokumentation die Eigentümer der Häuser waren.

Abb. 43 Straßennamen und Nummernfolge ab 1988

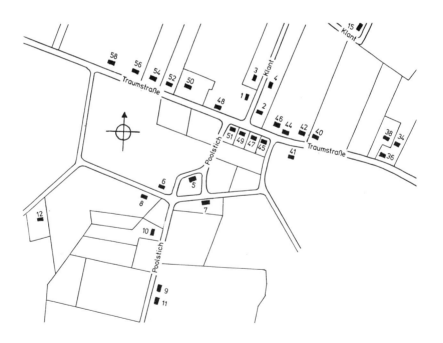

Abb. 44   Traumstraße 34

Jahr	Bewohner	Lebensdaten
1972	Carl Schultz, Sohn von Peter und Josephine Schultz aus Hedehusum, und seine Frau Marita Josine geb. Roland erbauten das Haus, nachdem sie nach langjährigem Aufenthalt von Amerika nach Föhr zurückgekehrt waren. Carl fand eine Anstellung in der BfA-Kurklinik in Utersum. Ihre drei Kinder wurden in den Vereinigten Staaten geboren, sie heißen 　　Conny, geb. 1965 　　Helga, geb. 1966 　　Carl, geb. 1969	geb. 1940 geb. 1947

Abb. 45　　　　　Traumstraße 36
　　　　　　　　(früher Haus Nr. 22)

Jahr	Bewohner	Lebensdaten
1900	Hans Hinrich Schultz aus Dithmarschen, der Arbeit in Hedehusum gefunden hatte, errichtete aus den noch verwendbaren Baumaterialien eines abgebrochenen Hauses, dessen Standort nicht mehr bestimmbar ist, ein reetgedecktes Haus mit kleinem Stall. Seine Frau Helena Margaretha Christina geb. Martens aus Wesselburen, die mit ihren vier ältesten Kindern in Witsum wohnte, zog darauf nach Hedehusum. Das Ehepaar hatte später insgesamt 12 Kinder, von denen die meisten nach Amerika auswander-	1862–1942
		1873–1941
1938	ten. Der jüngste Sohn, Peter Friedrich Schultz, erbte das Haus. Seine Frau Josephine geb. Ketels stammt aus Borgsum. Das Ehepaar errichtete neben dem inzwischen	geb. 1916
		geb. 1919
1950	baufälligen alten Haus einen Neubau. Als die Familie 1956 nach Amerika auswanderte, vermietete sie das neue Haus und ließ das Reetdachhaus abbrechen. Nach ihrer Rückkehr aus den USA bewohnen Peter Schultz und seine Frau Josephine selbst das Haus. Ihre sechs Kinder heißen Hinrich, geb. 1938; Carl, geb. 1940; Gerhard, geb. 1941; Kerrin, geb. 1942; Oluf, 1944–1986; Christine, geb. 1946	

Abb. 46   Traumstraße 38

| Jahr | Bewohner | Lebensdaten |

1970 Peter Uwe Carstensen und seine Frau Christine   geb. 1943
geb. Schultz erbauten das Haus nach ihrer Rückkehr   geb. 1946
aus Amerika. Tinchen ist eine Tochter von Peter und
Josephine Schultz. Peter Uwe fand Arbeit bei einer
Baufirma, Tinchen übernahm später den Verkaufs-
kiosk im Haus des Gastes in Utersum, wo dann auch
Peter Uwe seine Anstellung fand. Das Ehepaar ließ
sich 1987 scheiden, Besitzerin des Hauses blieb Christine. Aus der Ehe stammen zwei Kinder,
   Janette, geb. 1969
   Anke, geb. 1974

Abb. 47   Traumstraße 40

Jahr	Bewohner	Lebensdaten

1984	Leif Nickels, beruflich in Wyk als Bankkaufmann tätig, und seine Frau Elke geb. Petersen aus Hedehusum haben das Haus errichtet. Ihre Eltern sind Herbert und Ingke Petersen. Elke arbeitet in einem Architektenbüro in Wyk. Die beiden Kinder heißen
	    Rainer Peter, geb. 1971
	    Tom, geb. 1984
		geb. 1956
		geb. 1954

Abb. 48 Traumstraße 41
(früher Haus Nr. 2)

Jahr	Bewohner	Lebensdaten

Das jetzige Haus wurde an derselben Stelle errichtet, an der vorher ein altes reetgedecktes Gebäude stand. Die Daten für das alte Haus können bis 1644 zurückverfolgt werden, s. S. 184. Hier werden aber nur jene Jahreszahlen genannt, die für die Familiengeschichte der gegenwärtigen Bewohner von Interesse sein dürften.

1838 Elen Hayen, geboren in Toftum, erbte das Haus von ihrer Tante Elen Rörden, einer Schwester ihres Vaters. Sie heiratete den Seefahrer und späteren Landmann Boh Rörden aus Borgsum. Das Ehepaar hatte zwei Kinder, von denen die Tochter Elke im Alter von 10 Jahren starb.   1788–1876
1754–1838

1788–1867

1867 Der Sohn Boy Hinrich Rörden erbte Haus und Hof. Er hatte Catharina Marg. geb. Petersen aus Goting geheiratet und betrieb ausschließlich Landwirtschaft. Nach dem Tod ihres Mannes lebte Catharina 29 Jahre lang als Witwe. Im Alter zog sie zu der ledig gebliebenen Eleonora Maria Bohn, genannt „Suart Nuura", die   1819–1873
1812–1902

149

über die Straße im früheren Haus Nr. 4 wohnte. Die Eheleute Boy H. Rörden und Frau Catharina hatten

1880 nur einen Sohn, Boy Conrad R ö r d e n , der danach mit 1843–1921
seiner Ehefrau Gidea Catharina geb. H a n s e n aus Al- 1842–1941
kersum und der einzigen Tochter Elke in dem Haus lebte. Boy betrieb ebenfalls Landwirtschaft. Seine Frau betreute schließlich die im Alter hilfsbedürftige Suart Nuura aus Haus Nr. 4 und erbte nach deren Tod im Jahre 1909 ihr Haus, in das sie selbst und ihr Mann

1909 dann einzogen. Tochter Elke Catharina R ö r d e n 1871–1952
wurde die Frau von Hans Heinrich P e t e r s e n aus 1869–1941
Drelsdorf, der zeitlebens Boy Rörden genannt wurde, nach dem Vater seiner Frau. Von ihren sieben Kindern wanderten vier nach Amerika aus, zwei Söhne blieben in Hedehusum. Der jüngere von ihnen, Ernst Heinrich

1941 P e t e r s e n , blieb auf dem Hof. Er hatte Christine The- 1911–1942
rese geb. J a c o b s aus Borgsum geheiratet und mit ihr geb. 1912
zwei Kinder. Ernst H. Petersen fiel als Soldat in Rußland; Tochter Ginna wanderte nach Amerika aus.

1952 Sohn Herbert P e t e r s e n heiratete Ingke geb. N i e l - geb. 1934
s e n aus Hedehusum. Beide bewirtschaften den Hof geb. 1934
1965 und ließen den o. a. Neubau errichten. Das Ehepaar hat zwei Kinder,
      Elke, geb. 1954
      Karla, 1958–1977

Abb. 49 Traumstraße 42

Jahr	Bewohner	Lebensdaten

1986	Kaufmann Klaus Holfert, geboren in Hameln, und seine Frau Sigrid geb. Horstmann aus Remscheid, Lehrerin, ließen das Haus errichten. Sie verlegten ihren Wohnsitz von Bielefeld nach Hedehusum wegen der besseren Lebensmöglichkeiten, die sich ihren Kindern bieten. Ehefrau Sigrid erhielt eine Anstellung als Lehrerin auf Föhr. Die Kinder des Ehepaares sind:
	    Katrin, geb. 1979
	    Torsten, geb. 1982
	    Tanja, geb. 1983
		geb. 1949
		geb. 1952

Abb. 50 Traumstraße 44
(früher Haus Nr. 4)

Jahr	Bewohner	Lebensdaten
1770	Das Haus gehörte dem Seefahrer Eck K n u t e n, der dreimal verheiratet war. Seine drei Kinder entstammten der ersten Ehe, zwei von ihnen starben im frühen Kindesalter.	1731–1792
1792	Tochter Elen E c k e n erbte das Haus. Sie wurde die Ehefrau von Boh N a m e n s aus Hedehusum, Haus Nr. 7, der 1781 zur dänischen Marine eingezogen wurde und danach als Harpunier von Hamburg nach Grönland fuhr. Später betrieb er Landwirtschaft. Das Ehepaar hatte zwei Kinder.	1765–1829 1763–1845
1845	Sohn Namen B o h n erbte das Haus und betrieb ebenfalls Landwirtschaft. Er war verheiratet mit Maria geb. K l e i n aus Borgsum. Die neun Kinder dieser Ehe erreichten alle das Erwachsenenalter. Die unter diesen zahlreichen Geschwistern ledig gebliebene Eleonora Maria B o h n mit dem Beinamen „Suart Nuura" wurde	1790–1879 1795–1880
1880	Erbin des Hauses. Sie hatte an einer Hand als Mißbildung zwei Daumen. Im Alter wurde sie von Gidea und Boy Rörden aus dem gegenüberliegenden Haus Nr. 2	1829–1909

betreut, die Erben des Hauses wurden, als Nora im Alter von 80 Jahren starb.

1909 Boy Conrad R ö r d e n und Frau Gidea Catharina geb. H a n s e n zogen von Haus Nr. 2 in dies ererbte Haus. Nach dem Tod ihres Mannes lebte Gidea zunächst dort allein. Später wurde sie von ihrer Tochter Elke und ihrem Schwiegersohn Hans Heinrich Petersen aus Haus Nr. 2 versorgt.   1843–1921 / 1842–1941

1928 Nachdem Harald Siegfried P e t e r s e n aus Haus Nr. 2, der ältere der beiden noch in Hedehusum lebenden Söhne von Hans Heinrich Petersen, Margaretha geb. J a c o b s e n aus Goting geheiratet hatte, betreuten diese beiden Gidea, bis sie im Alter von 99 Jahren starb. Harald war Landwirt. Aus der Ehe stammten zwei Söhne und eine Tochter, die nach Amrum heiratete wie auch Sohn Hans.   1895–1963 / 1903–1965

1965 Sohn Jan P e t e r s e n erbte Haus und Hof. Er ist verheiratet mit Käthe geb. H e u e r m a n n aus Großenbrode. Ihre Tochter heißt   geb. 1930 / geb. 1935

Anja, geb. 1968

Abb. 51   Traumstraße 45

Jahr	Bewohner	Lebensdaten
1972	Das Haus wurde von Eckart Tesdorpf, Notar in Hamburg, als Ferienhaus erbaut. Seine drei Kinder sind Johann Matthäus Hubertus, geb. 1960 Johann Christoph Burkhard, geb. 1962 Sonja Carmen Edita, geb. 1966	geb. 1930

Abb. 52   Traumstraße 46

Jahr	Bewohner	Lebensdaten
1983	Jan Petersen hat dies Gebäude unmittelbar neben dem ererbten alten Haus errichtet, das er jetzt vermietet. Seine Frau ist Käthe geb. Heuermann aus Großenbrode. Ihre Tochter heißt Anja, geb. 1968	geb. 1930 geb. 1935

Abb. 53   Traumstraße 47

Jahr	Bewohner	Lebensdaten

1978	Jürgen Blaesing, Rechtsanwalt in Berlin, und Ehefrau Edda errichteten das Haus und nutzen es in der Ferienzeit. Das Ehepaar hat drei Kinder,
	    Martin, geb. 1972
	    René, geb. 1976
	    Malte, geb. 1981
		geb. 1943

Abb. 54 Traumstraße 48
(früher Haus Nr. 20)

Jahr	Bewohner	Lebensdaten
	Der ursprüngliche Platz dieses Hauses war an einer anderen Stelle im Dorf, und zwar etwa 20 m südlich von Poolstich Nr. 7, dem heutigen Feriendomizil von Arno Kühl aus Berlin. Die letzte dortige Bewohnerin war Mattje K n u d t e n geb. Fedders, die in der großen Februarsturmflut von 1825 und der damit verbundenen Überschwemmung ertrank. Danach stand das Haus leer und verfiel. Die noch brauchbaren Balken	1766–1825
1838	und Steine nutzte Jung Rörd R ö r d e n aus Utersum für seinen Neubau an der jetzigen Stelle. Er war mehr als 20 Jahre zur See gefahren und hatte nach seiner Rückkehr auf die Insel G a r d i n a Christina, die Tochter von Ing Peter Matzen (Peters) aus Hedehusum geheiratet. Er kaufte hier Ackerland und widmete sich danach der Landwirtschaft.	1797–1880 1815–1885
1864	Der einzige Sohn des Ehepaares, Heinrich R ö r d e n, übernahm Haus und Hof. Er hatte Eike geb. H i n r i c h s e n von Langeneß geheiratet und mit ihr sieben Kinder, drei Söhne und vier Töchter. Von ihnen heira-	1840–1913 1841–1884

	tete Henriette Louise R ö r d e n den Zimmermann Friedrich K r a m b e c k aus Nübbel. Dem Ehepaar wurden sechs Kinder geboren. Henriette starb schon mit 43 Jahren, so daß ihr Mann nach dem Tode seines	1868–1911 1873–1947
1913	Schwiegervaters Heinrich Rörden das Haus und die Landwirtschaft erbte. Er ging später eine zweite Ehe ein mit der Witwe Mathilde Gardine T h o m s e n aus Goting.	1878–1930
	Der jüngste Sohn aus erster Ehe, Harald Hans Emil K r a m b e c k , wurde Landwirt. Er heiratete Kreske geb. M a r t e n s e n aus Borgsum. In dieser Ehe wurden zwei Töchter geboren, Tilli und Maria. Harald wurde im Zweiten Weltkrieg schwer verwundet, beide Beine mußten amputiert werden. Erst 37 Jahre alt, starb er an einer Blinddarmentzündung. Ein Jahr später verstarb auch sein Vater, der in den Kriegsjahren noch weitgehend den Hof geführt hatte.	1909–1946 geb. 1911
1947	Die verwitwete Kreske K r a m b e c k erbte damals Haus und Landwirtschaft. Nachdem ihre ältere Tochter	geb. 1934
1954	Tilli K r a m b e c k den in Toftum wohnenden Julius G a n z e l geheiratet hatte, übernahmen beide den landwirtschaftlichen Betrieb. Das Ehepaar hat drei Kinder: Karin, geb. 1954 Marianne, geb. 1958	geb. 1933
1987	Harald, geb. 1962 Sohn Harald, verheiratet mit Bärbel geb. S t r i e w s k i aus Boldixum, wohnt ebenfalls in dem Haus und bewirtschaftet zusammen mit seinem Vater den Hof.	geb. 1965

Abb. 55   Traumstraße 49

Jahr	Bewohner	Lebensdaten
1980	Das Haus wurde erbaut von Karl-Heinz Ellersiek, Automobilverkäufer aus Hamburg. Er ist verheiratet mit Ingrid geb. Woschke, das Ehepaar hat zwei Kinder: 　　　Claudia, geb. 1963 　　　Thorsten, geb. 1966	geb. 1923 geb. 1930

Abb. 56   Traumstraße 50
(früher Haus Nr. 23)

Jahr	Bewohner	Lebensdaten
1864	Jung Rörd R ö r d e n baute das Haus für sich und seine Frau als Altenteil. Er hatte schon das Haus Traumstraße 48 errichtet, in dem dann der einzige Sohn Heinrich mit seiner Familie lebte. Nach dem Tode von Jung Rörd Rörden und seiner Ehefrau Gardina Christina, die 1885 starb,	1797–1880
1885	erbte Enkelin Gardine Chrstine R ö r d e n das Haus. Sie heiratete Deodor Julius Johannen aus Norddorf auf Amrum und folgte ihm 1897 auf die Nachbarinsel. Ihr	1863–1938
1897	Bruder Hinrich Reinhard R ö r d e n, der in Husum Steinmetz gelernt hatte, erwarb das Haus und widmete sich dann der Landwirtschaft. Er war mit Ingke Taddea geb. M a d e r aus Oldsum verheiratet und hatte mit ihr neun Kinder.	1875–1937 1875–1963
1934	Von diesen übernahm Lorenz Tönis R ö r d e n nach seiner Rückkehr aus Amerika Haus und Landwirtschaft. Er heiratete Erna Johanna geb. K e t e l s aus einer Süderender Kapitänsfamilie. Von ihren vier Kindern leben zwei in Amerika und zwei auf Föhr. Das	geb. 1905 geb. 1908

Ehepaar wohnt im Haus seines Sohnes Jann, Traumstraße 52.

1980 Reinhard B o r d e l, Oberstudienrat aus Wyk, und Ehefrau Ruth geb. H a r n i t z kauften das Haus und die Wirtschaftsgebäude. Beide Eheleute wurden in Pommern geboren. Nach größeren Umbau- und Renovierungsarbeiten bezogen sie das Gebäude. Das Ehepaar hat drei Kinder: geb. 1923
geb. 1924

  Angelika, geb. 1951
  Silke, geb. 1955
  Hartmut, geb. 1957

Abb. 57   Traumstraße 51
(früher Haus Nr. 8)

Jahr	Bewohner	Lebensdaten
1678	Damals wohnte in dem Haus Peter F e d d e r s e n, der	~1645−1720
	mit Harlich geb. J ü r g e n s verheiratet war.	~1650−nach 1723
1755	Der Grönlandfahrer Jung Rörd A r f s t e n, der mit Kerrin geb. H a y e n aus Haus Nr. 3 verheiratet war, hatte das Haus erworben. Das Ehepaar hatte sieben Kinder. J. Rörd Arfsten starb auf See zusammen mit seinem 16jährigen Sohn Hay.	1728−1773 geb. 1731
1795	Der Schiffer Peter M a t z e n aus Oldsum hatte das Haus gekauft. Er war mit Christina geb. R ö r d e n aus Haus Nr. 13 verheiratet. Aus der Ehe stammten acht Kinder.	1761−1814 1766−1845
1845	Der jüngste Sohn, Matthias Peter M a t t h i e s s e n, ein Seefahrer, erbte das Haus. Er heiratete Tinne geb. V o l k e r t s aus Witsum und hatte mit ihr drei Kinder.	1810−1876 1815−1899
1899	Tochter Keike M a t t h i e s s e n wurde die Ehefrau von Lorenz Danklef L o r e n z e n aus Utersum. Er fuhr zunächst zur See und war später Müller und Landmann. Die Ehe blieb kinderlos. In dem Hause wurden von dem Ehepaar Lorenzen aber drei verwaiste Knaben	1848−1914 1838−1914

großgezogen, deren Mutter als Haushälterin von Amrum nach Hedehusum gekommen und hier verstorben war.

1914 Martin Paulsen, der älteste der drei Brüder, erbte das Haus nach dem Tode von Lorenz und Keike, die im Abstand von drei Tagen verstarben und gemeinsam beerdigt wurden. Als Martin aus dem Ersten Weltkrieg nach Hause kam, verkaufte er das Haus.

1920 Jürgen Nickels Pedersen, ein Amerika-Auswanderer, der sich für zwei Jahre in der Heimat aufhielt, erwarb das Haus. Er ließ seine Eltern Sören Pedersen und Tomine geb. Grumsen darin wohnen, nachdem deren Haus Nr. 17 im Jahre 1923 durch Blitzschlag abgebrannt war. geb. 1880

1943 Jürgen Nickels Pedersen vermachte das Haus nach dem Tode des Vaters seiner ledigen Schwester Gertrud Ingeline Pedersen. 1878–1966

1966 Die langjährige Betreuerin von Trude Pedersen, Christina Jürgensen aus Borgsum, erbte nach deren Tod geb. 1901

1976 das Haus und verkaufte es an Hannah Lobeck geb. Templin aus Hamburg. Sie und ihr Ehemann Peter machten daraus ein Ferienhaus. Ihre Kinder heißen: geb. 1946 geb. 1938

Matthias, geb. 1975
Paula, geb. 1982
Hannes, geb. 1985

Abb. 58   Traumstraße 52

Jahr	Bewohner	Lebensdaten
1981	Besitzer des Hauses ist Jann Jürgen Rörden. Er und seine Ehefrau Erna geb. Christiansen aus Alkersum leben in Oldsum. In dem Haus wohnen die Eltern von Jann, Lorenz Tönis Rörden und seine Frau Erna geb. Ketels.	geb. 1951 geb. 1958

Abb. 59   Traumstraße 54

Jahr	Bewohner	Lebensdaten
1934	Ein Jahr später, nachdem Conrad Julius Rörden nach 10jährigem Amerika-Aufenthalt in sein Heimatdorf zurückgekehrt war, wurde dies Haus errichtet. Cuno, wie er allgemein genannt wurde, war in Hedehusum im früheren Haus Nr. 23 geboren. Er hatte Josina Richardine geb. Lorenzen aus Utersum geheiratet. Aus der Ehe stammen zwei Söhne, Harald und Friedrich. Cuno versuchte zunächst, eine Hühnerfarm aufzubauen, widmete sich bald aber ausschließlich der Landwirtschaft.	1903–1982 1904–1981
1964	Sohn Harald Julius Rörden, genannt Harry, übernahm den landwirtschaftlichen Betrieb schon zu Lebzeiten seiner Eltern. Mit seiner Familie lebt er seit 1960 in dem Wohnhaus, als er nach langem Amerika-Aufenthalt nach Hedehusum zurückkehrte.	geb. 1931
	Harry ist verheiratet mit Ingke Tinne geb. Wögens aus Utersum. Zwei ihrer Kinder wurden in Amerika geboren, drei weitere auf Föhr. Die Kinder sind: Eric, geb. 1956; Carl Volkert, geb. 1960; Silke, geb. 1959; Jan Peter, geb. 1966; Birte, geb. 1970	geb. 1934

Abb. 60   Traumstraße 56

Jahr	Bewohner	Lebensdaten
1934	Nach ihrer Rückkehr aus Kalifornien erbauten sich der in Borgsum geborene Ketel Julius N i e l s e n und seine aus dem früheren Haus Nr. 23 in Hedehusum stammende Ehefrau Inna Therese geb. R ö r d e n dies Haus. In Kalifornien hatten sie Erfahrungen als Hühnerfarmer gemacht, die hier weiter in die Praxis umgesetzt wurden. Daneben betrieb Ketel Landwirtschaft. Das Ehepaar hat drei Kinder, Nickels, Ingke und Karen. Sohn Nickels N i e l s e n wurde noch in Amerika geboren, er hat seine Hofstelle unmittelbar neben dem elterlichen Anwesen und ist jetzt Besitzer des Hauses.	1904–1989 1908–1989 geb. 1931
1969	Sein Sohn Henry, Enkel von Ketel und Inna Nielsen, wohnt ebenfalls dort mit seiner Familie. Seine Frau ist Annegret geb. J a c o b s aus Midlum. Den Eheleuten wurde 1987 Tochter Kristina geboren. Henry bewirtschaftet zusammen mit seinem Vater den Hof.	geb. 1963

Abb. 61   Traumstraße 58

Jahr	Bewohner	Lebensdaten
1967	Nickels Henry Nielsen und seine Frau Kerrin Osine geb. Früchtnicht aus Midlum errichteten ihre neue Bauernstelle nach ihrer Rückkehr aus Amerika. Nikkels war 14 Jahre in den USA, seine Frau 5 Jahre. Als sie 1964 nach Hedehusum zurückkehrten, hatten sie zwei Kinder. Hier wurden dem Ehepaar zwei weitere Kinder geboren. Die vier Kinder heißen: Henry, geb. 1960 Ellen, geb. 1962 Maren, geb. 1965 Kirsten, geb. 1967	geb. 1931 geb. 1940

167

Abb. 62 Klant 2

Jahr	Bewohner	Lebensdaten
1973	Dr. jur. Carl Schulte, Dozent in Rendsburg, und seine Frau Henny, geb. Abildgaard, Lehrerin, erbauten sich das Haus als Zweitwohnsitz. Henny ist die Tochter von Julius Abildgaard aus Oevenum. In der Familie leben drei Kinder: Henrik Julius, geb. 1958 Jan Markus, geb. 1974 Knut, geb. 1976	geb. 1932 geb. 1937

Abb. 63   Klant 3

Jahr	Bewohner	Lebensdaten
1965	Heinrich Elvert aus Alkersum und seine Frau Maria geb. Krambeck aus Hedehusum haben das Haus gebaut. Das Grundstück war Marias Erbteil aus dem elterlichen Besitz. Schon in den Jahren 1962–1964 hatte das Ehepaar zur Miete in Hedehusum gewohnt, und zwar in dem Haus von Peter Schultz. Heiner ist Maurer und bei einer Baufirma beschäftigt. Die vier Kinder der Familie sind: Christa, geb. 1959 Henry, geb. 1962 Heike, geb. 1969 Kerstin, geb. 1972	geb. 1937 geb. 1939

Abb. 64 Klant 4

Jahr	Bewohner	Lebensdaten
1979	Heinz Helmcke aus Dithmarschen und seine Frau Johanna geb. Rörden bauten das Haus auf dem Grundstück, das Johanna aus dem elterlichen Erbe zufiel. Heinz ist bei einer Baufirma beschäftigt. Aus der Ehe stammen vier Kinder: Thies, geb. 1963 Heike, geb. 1964 Heinz Hermann, geb. 1965 Enken, geb. 1970	geb. 1940 geb. 1941

Abb. 65   Klant 15
(Wasserwerk)

Jahr	Bewohner	Lebensdaten
1964	Die Werkdienstwohnung im Wasserwerk wurde zusammen mit den Betriebsräumen vom damaligen Wasserbeschaffungsverband Föhr-West errichtet. Der erste Wasserwart, der die Dienstwohnung bezog, war Broder B r a r e n aus Oldsum mit seiner Frau Thea geb. P e t e r s e n aus Klintum. Broder verstarb kurz vor Erreichen des Rentenalters.	1912–1977 geb. 1922
1977	Nach seinem Tode wurde Karl Werner L o r e n z e n aus Nieblum sein Nachfolger. Er ist mit Julia geb. S ö n n i c h s e n aus Oldsum verheiratet. Ihre Kinder sind: Bernd, geb. 1967 Antje, geb. 1975	geb. 1943 geb. 1948

Abb. 66 Poolstich 5
(früher Haus Nr. 9)

Jahr	Bewohner	Lebensdaten
1635	Damals wohnte in dem Haus Rowerdt K e t e l s und die Familie seines Sohnes Ketel R ö r d e n, dessen Ehefrau G a n n e r hieß. Nach deren Tod kam ihre Tochter Jung Thur K e t e l s in den Besitz des Hauses.	~1615–1692
1692	Jung Thur geb. K e t e l s war verheiratet mit Ock L a - v e r e n t z e n, ihrer Ehe entstammten vier Kinder.	~1640–1711 ~1635–1711
1711	Der Sohn Laverentz O c k e n hatte Marret geb. O l u f s geheiratet. Von ihren acht Kindern erhielt Sohn Ock das Haus.	~1675–nach 1723 1680–1765
1755	Ock L o r e n t z e n war mit Jung Marret geb. R ö r d e n aus Oldsum verheiratet. Er war Seefahrer, das Ehepaar hatte sechs Kinder.	1713–~1785 1714–1776
1785	Sohn Lorentz O c k e n fuhr ebenfalls zur See, er war Kapitän. Seine Frau war Krassen geb. W ö g e n s aus Utersum. Etwa um 1799 gab er die Seefahrt auf und betrieb Landwirtschaft. Von den vier Söhnen erbte der jüngste das Haus.	1754–1811 1757–1829
1829	Oluf Volkert L o r e n z e n hat offenbar das Mauerwerk des Hauses erneuern lassen, denn im Giebel über der	1796–1886

Eingangstür befinden sich noch die Initialen seines Namens. Seine Frau war Elke geb. Jensen aus Borgsum. In ihrer Ehe hatten sie fünf Kinder. Oluf erblindete im Alter (s. S. 58).   1797−1883

1875 Sohn Lorenz Cornelius Lorenzen erbte Haus und Landwirtschaft von seinem Vater. Er heiratete Tinne Maria geb. Lorenzen aus Utersum. Sie hatten drei Kinder. Zwei von ihnen starben 1895 an Tbc, der Sohn 25 Jahre alt, Tochter Louise im Alter von 21 Jahren. Ihre Zwillingsschwester Ellien Caroline heiratete Adolf Conrad Mader aus Oldsum. Der Sohn aus dieser Ehe starb bei der Geburt, Ellien selbst wurde 1901 im Alter von 27 Jahren, wie schon ihre Geschwister, von der Tbc dahingerafft.   1836−1908   1837−1911

1900 Adolf Conrad Mader erhielt das Haus von seinem Schwiegervater übertragen, ging eine zweite Ehe mit Inge Tinne Marie geb. Martensen aus Borgsum ein, starb aber 1912 im Alter von 41 Jahren ebenfalls an der Tbc.   1871−1912   1882−1970

1912 Inge Tinne, nunmehr die Erbin des Hauses, ging sieben Jahre später eine zweite Ehe ein mit dem Maschinenbauer Gustav Peter Lorenz Matthiesen aus Borgsum. Das Ehepaar, selbst kinderlos, nahm Inge Tinnes Neffen Hinrich und Adolf Martensen nach deren Konfirmation ins Haus, weil ihr Vater verstorben war. Sie arbeiteten dort in der Landwirtschaft. Hinrich Martensen blieb auch später auf dem Hof. Er heiratete Therese Maria geb. Sörensen aus Utersum. Das Ehepaar hatte drei Kinder, Gustav, Inge und Ella. Nach dem plötzlichen Tod seiner Frau Therese ging Hinrich eine zweite Ehe ein mit Magrete Rickmers aus Oldsum, seiner verwitweten Schwägerin, und zog nach Oldsum. Der junge Gustav Martensen blieb auf dem Hof. Er heiratete Carin geb. Matzen aus Midlum. Im Zuge der Flurbereinigung errichteten sie ihre neuen Aussiedlungsgebäude südlich der bisherigen Hofanlage und zogen mit ihren Kindern dorthin.   1894−1972   geb. 1913   1918−1953   geb. 1938   geb. 1937

1966 Architekt Erich Märtz aus Kiel und seine Ehefrau Toni erwarben den Resthof, ließen Stall und Scheune niederreißen, errichteten einen Atelieranbau und renovierten das Wohnhaus. Sie nutzen das Anwesen als Zweitwohnsitz.   geb. 1912   geb. 1908

Abb. 67　　　　Poolstich 6

Jahr	Bewohner	Lebensdaten
1970	Nach ihrer Rückkehr aus Amerika errichteten Joachim P a n t e n und seine Ehefrau Inge geb. M a r t e n s e n das Haus. Inge stammt aus Hedehusum, ihr Elternhaus ist das frühere Haus Nr. 9, ihr jetziges Hausgrundstück ist ihr Erbteil aus dem elterlichen Erbe. Joe, wie Joachim genannt wird, wurde in Pommern geboren und kam mit seinen Eltern nach dem Kriege nach Toftum, wo er heranwuchs. Er arbeitet als Installateur und betreibt in den Sommermonaten einen Fischgarten. Die beiden Töchter des Ehepaares wurden in Amerika geboren: 　　　　Thelma, geb. 1962 　　　　Betty, geb. 1964	geb. 1939 geb. 1943

Abb. 68 Poolstich 7
(früher Haus Nr. 11)

Jahr	Bewohner	Lebensdaten
1724	Das Haus gehörte Arfest Rörden, der mit seiner Frau Elen geb. Rördten aus Utersum und fünf Kindern darin lebte. Nachdem Elen nach langem Witwenstand verstorben war, wurde es verkauft.	1694–nach 1734 1702–1755
1755	Der Grönlandfahrer Volkert Lorentzen aus Utersum erwarb damals das Haus. Er war in erster Ehe mit Marrin geb. Matzen aus Utersum verheiratet und hatte mit ihr fünf Kinder. In zweiter Ehe heiratete er Harlig geb. Braren, die von ihm noch eine Tochter bekam.	1739–1810 1744–1780 1759–1817
1817	Nach dem Tode von Harlig wurde der Arbeiter Niels Martensen aus Toftum der neue Besitzer. Er hatte aus erster Ehe vier Kinder und heiratete in zweiter Ehe die Witwe Göntje Christians aus Dunsum, wohin er dann seinen Wohnsitz verlegte.	1764–1842 1769–1854
1845	Der Seefahrer Volkert Früdden aus Borgsum erwarb nun das Haus. Seine Frau war Mantje geb. Volkerts aus Witsum. Von ihren sechs Kindern erbte die ledig	1800–1890 1806–1901
1901	gebliebene Tochter Osina Carolina Früdden das	1835–1928

175

	Haus. Sie nahm ihren Neffen Volkert Martin Carl-sen zu sich, den Sohn ihrer Schwester aus Borgsum. Als Osina im Alter von 93 Jahren starb, erbte dieser	1881−1973
1928	Haus und Hof. Er war inzwischen mit Clara geb. Neumann verheiratet, die als Haushälterin im früheren Haus Nr. 8 tätig gewesen war. Das Ehepaar hatte	1894−1960
	sechs Kinder, von denen später die Söhne Volkert	geb. 1921
	Claudius und Ingwert Theodor Carlsen gemeinsam den landwirtschaftlichen Betrieb weiterführten. Da sie sich zur Flurbereinigung bereitfanden, erhielten sie 1964 eine Aussiedlung auf der Feldmark von Wrixum.	geb. 1923
1968	Den Resthof erwarb Arno Kühl, selbständiger Kfz-Meister aus Berlin. Er ließ die Wirtschaftsgebäude abbrechen und erneuerte das Wohnhaus. Seine Ehefrau	geb. 1932
	ist Gertraude geb. Preuß, das Ehepaar hat zwei Kinder:	geb. 1936

    Klaus-Dieter, geb. 1951
    Timm, geb. 1967

Abb. 69 Poolstich 8

Jahr	Bewohner	Lebensdaten
1948	Inge Tinne Marie geb. Martensen und ihr zweiter Ehemann Gustav Peter Lorenz Matthiesen ließen dies Haus für sich als Altenteil bauen. Dazu wurde das noch brauchbare Material des früheren Hauses Nr. 19 verarbeitet, das 1733 errichtet war und jetzt abgebrochen wurde. Nachdem das Haus zunächst mehrfach vermietet worden war, bewohnten es schließlich Gu-	1892–1970 1894–1972
1961 1972	stav und Inge Tinne Matthiesen bis zu ihrem Tode. Danach kam Adolf Martensen, wohnhaft in Oldsum, in den Besitz des Hauses, das er als Miet- und Ferienhaus nutzte. Er hatte in seiner Jugend und auch später mehrere Jahre auf dem Hof von Inge Tinne gearbeitet und bereits 1948–1955 mit seiner Familie in dem Haus gewohnt. Adolf ist verheiratet mit Inge geb. Riewerts aus Oldsum, von ihren vier Kindern wurden drei in Hedehusum geboren: Peter, geb. 1946 Ingrid, geb. 1949 Gerda, geb. 1951	geb. 1915 geb. 1919

Abb. 70 Poolstich 9

Jahr	Bewohner	Lebensdaten
1967	Wohnhaus, Stall und Scheune wurden von Gustav Martensen aus Hedehusum und seiner Ehefrau Carin geb. Matzen aus Midlum als landwirtschaftliche Aussiedlung errichtet. Mit ihren vier Kindern bewohnten sie mehr als 20 Jahre lang das Wohnhaus, bevor sie sich unmittelbar neben der Hofstelle ein Haus als Altenteil bauten.	geb. 1938 geb. 1937
1987	Sohn Bernd Gustav Martensen, der mit Maren geb. Behlendörp aus Nieblum verheiratet ist, lebt jetzt mit seiner Familie in dem Wohnhaus und bewirtschaftet zusammen mit seinem Vater den elterlichen Hof. Die Kinder des Ehepaares heißen: 　　Frerk, geb. 1984 　　Sören, geb. 1986	geb. 1961 geb. 1965

Abb. 71 Poolstich 10
(früher Haus Nr. 21)

Jahr	Bewohner	Lebensdaten
1846	Das Haus wurde aus Resten des abgebrochenen ehemaligen Schulgebäudes errichtet und behielt deshalb auch die frühere Haus-Nr. der Schule. Eigentümerin war Keike M a t t h i e s e n , die ledig gebliebene Schwester von Ing Peter Matzen und Namen Peter Matthiessen. Sie lebte mit einer Freundin aus Dunsum in dem Haus. Beide Frauen wurden oft erfreut durch den Besuch des kleinen Hinrich Rörden, eines Urenkels von Keikes Schwester Ing. Nach Keikes Tod erbte er das	1802−1885
1885	Haus. Hinrich Reinhard R ö r d e n wurde also im Alter von 10 Jahren Besitzer des Hauses. Sein Vater verkaufte es später, um mit dem Erlös Hinrichs Ausbildung zum Steinmetz in Husum zu finanzieren.	1875−1937
1900	Pay Nis P a y s e n , ein Tischler von Nordstrand, erwarb das Haus, um hier als Landmann zu leben. Seine Frau war Christine geb. F r i e d r i c h s e n aus Wyk.	1838−1925 1838−1928
1928	Ihre Tochter Sophie Johanna verh. S ö n n i c h s e n erbte das Haus nach dem Tode ihrer Mutter, als sie selbst bereits im Witwenstand lebte. Ihr Ehemann Jon An-	1878−1958

	dreas Sönnichsen, Krankenwärter in Wyk, war im Alter von 38 Jahren im Watt ertrunken. Sie hatten eine Tochter.	1875–1913
1958	Johanna Andrea Christine verh. Ronnebeck, die einzige Tochter, erbte Haus und Land. Sie hatte den Schuhmacher Johann Paul Ronnebeck von Pellworm geheiratet, von dem sie später geschieden wurde. Der Ehe entstammen drei Söhne, John, Johann und	1913–1981
		1909–1981
1963	Julius. Haus und Scheune brannten nieder, das Haus wurde ohne Scheune wieder aufgebaut. Die frühere Reetbedeckung wurde dabei durch ein Hartdach ersetzt.	
1983	Sohn John Ronnebeck, Kaptiän, übernahm das Haus. Er ist verheiratet mit Erika geb. Stahl aus Hamburg. In der Hausgemeinschaft lebt auch der unverheiratete Johann Ronnebeck, genannt Hanje, der Bruder von John und Julius. Die beiden Kinder von John und Erika sind:	geb. 1933 geb. 1959

      Larissa, geb. 1983
      Jelena, geb. 1986

Abb. 72　　　　　Poolstich 11

Jahr	Bewohner	Lebensdaten
1987	Gustav Martensen und seine Ehefrau Carin geb. Matzen aus Midlum zogen Anfang des Jahres in ihren als Altenteil errichteten Neubau. Gustav bewirtschaftet weiterhin gemeinsam mit seinem Sohn Bernd den Hof. Die vier Kinder des Ehepaares sind: 　　Maike, geb. 1960 　　Bernd Gustav, geb. 1961 　　Hark Cornelius, geb. 1965 　　Inken, geb. 1968	geb. 1938 geb. 1937

Abb. 73   Poolstich 12

Jahr   Bewohner

1971 Prof. Dr. Martin Urban , Direktor der Nolde-Stiftung in Seebüll, ließ das Haus errrichten. Es liegt im Landschaftsschutzgebiet und „darf nur zu Ausstellungszwecken Verwendung finden. Wohnungen bzw. einzelne Wohnräume dürfen in dem Gebäude nicht eingerichtet werden", wie das Innenministerium der Genehmigung des Bauantrags hinzufügte.[55]

Nachgewiesene frühere Häuser

Alle Daten der früheren, inzwischen abgebrochenen Häuser und ihrer Bewohner wurden, soweit sie nachweisbar sind, den „Geschlechter-Reihen St. Laurentii-Föhr" von Lorenz Braren entnommen. Die Nummernfolge der Gebäude ist hier so, wie sie erstmals im Erdbuch von Hedehusum für die Landverteilung zwischen 1799 und 1801 festgelegt wurde. Auf seiner für die Landumlegung angefertigten Karte hat der Landmesser H. Lund diese Nummernfolge angewandt.

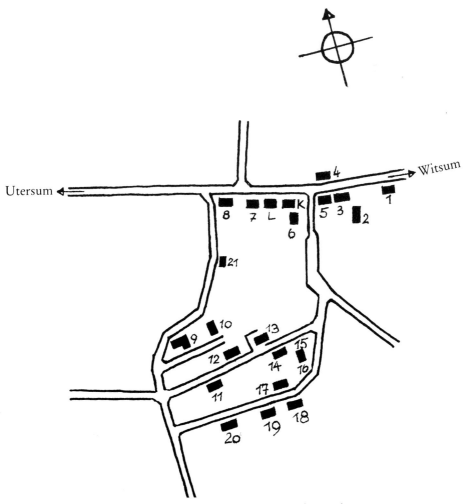

Abb. 74 Häuser im Jahre 1801, Numerierung nach Lund

Jahr	Bewohner	Lebensdaten

Haus Nr. 1

1678	Oluf Braren	~1650–1713
1700	Ock Süncken	~1634–1704
1722	Ock Süncken Witwe	~1640–nach 1723
1755	Göntje Söncken Witwe	?
1770	Jürgen Hayen	1718–nach 1770
1800	Jürgen Hayen Witwe	1729–1810
1860	Boy Jürgen Bohn	geb. 1824

Haus Nr. 2

1644	Crasten Syncken	?
1678	Crassen Süncken	~1605–1682
1700	Rordt Süncken	~1631–1707
1722	Rordt Süncken Witwe	~1656–nach 1723
1755	Peter Rörden	1696–1765
1770	Peter Rörden Erben	?
1785	J. Rörd Peters	1741–1800
1815	J. Rörd Peters Witwe	1754–1838
	Elen Rörden,	
	weitere Daten s. Traumstraße 41, S. 149	

Haus Nr. 3

1644	Girri Arfsten	~1590–nach 1648
1678	Anna Paul Girris Witwe	~1635–1717
1722	Hay Rörden	1687–nach 1733
1755	Hay Rörden Witwe	~1695–?
1770	Rörd Hayen	1733–1778
1785	Rörd Hayen Witwe	1734–1809
1800	Hay Rörden	1768–1825
1815	Hay Rörden Witwe	1773–1843
1825	Hay Rörden Witwe scheint nach dem Tode ihres Mannes in dem ehem. Schulgebäude Nr. 21 gewohnt zu haben. Haus Nr. 3 ist seitdem Scheune.	

Haus Nr. 5

1644	Elin Harmens	?
1678	Ing Jacob Harmens Witwe	~1630–1712
1722	Jacob Jacobs	~1651–1717
1755	Knut Jacobs Witwe	~1685–?
1770	Nickels Knuten	1727–nach 1781

Jahr	Bewohner	Lebensdaten
1785	Nickels Knuten u. Namen Knuten	1731–1799
1800	Nickels Knuten Witwe	1742–1826
1810	Nickels Knuten Witwe zog nach 1810 nach Utersum	
1860	Jens Christiansen	1809– ?
1875	wird als Scheune genutzt, 1888 abgebrochen	

Haus Nr. 6

Jahr	Bewohner	Lebensdaten
1644	Rördt Knuten	?
1678	Adi Rordten	~1640– ?
1684	Crassen Rordten	~1637–1717
1722	Rordt Braren	~1652–nach 1723
1755	Namen Rörden	1698–1781
1785	Brar Nahmens	1741–1805
1815	Brar Nahmens Witwe, soll nach 1815 abgebrannt sein	1760–1829

Haus Nr. K

Jahr	Bewohner	Lebensdaten
1700	Jürgen Peters	~1663–nach 1723
1755	Oluf Jürgens	1694–1772
1785	Jürgen Olufs	1745–1808
	Haus K stand etwa ab 1785 leer und verfiel	

Haus Nr. L

Jahr	Bewohner	Lebensdaten
1644	Nickels Ercken	?
1678	Nickels Gadmers	~1658–1723
1723	nach dem Tode von Nickels Gadmers verfiel das Haus	

Haus Nr. 7

Jahr	Bewohner	Lebensdaten
1644	Jürgen Ercken	?
1678	Peter Jürgens	~1637–1719
1722	Adi Peters	~1673–nach 1724
1755	Nahmen Olufs	1729–1778
1785	Nahmen Olufs Erben	
1800	Oluf Nahmens Witwe	1758–1833
1830	Nahmen Olufs	1798–1869
1860	Gardina Carstens geb. Olufs	1829– ?
1875	Jürgen F. Carstens mit Familie nach USA ausgewandert, das Haus wurde abgebrochen	1827– ?

Jahr	Bewohner	Lebensdaten

Haus Nr. 10
1678	Kerrin Jürgens	~1655–1718
1686	Oluf Braren	1650–1713
1722	Magnus Braren	~1676–1730
1755	Magnus Braren Witwe	1684–1768
1770	Jürgen Ocken	1731–?
1800	Jürgen Ocken Erben, das Haus war bis nach 1805 bewohnt und verfiel danach	

Haus Nr. 12
1760	Matz Namens	1737–?
1770	Oluf Rörden	1737–1777
1800	Oluf Rörden Witwe	1736–1811

Haus Nr. 13
1722	Nickels Braren	~1682–nach 1728
1755	Brar Nickelsen	1728–1760
1770	Rörd Peters	1732–1810
1810	Rörd Peters Witwe	1742–1818
1830	Früd Knudten	~1778–?
1845	Ing Peters	1796–1866
1860	Ing Peters u. Göntje Rörden	1789–1873

Haus Nr. 14
1725	Früdd Johnen	1693–1755
1755	Früdd Johnen Erben	
1770	Früdde Früdden	1740–1793
1800	Früdde Früdden Witwe, nach ihrem Tode verfiel das Haus	1744–1825

Haus Nr. 15
1730	Rörd Rörden	1697–1760
1755	Rörd Rörden u. Marret Amcken	~1672–?
1770	Rörd Rörden	1742–1770
1785	Peter Hinrichen Schwester	1753–1806
1800	Nickels Jürgens Witwe; nach ihrem Tode wurde das Haus nicht mehr bewohnt	1742–1811

Jahr	Bewohner	Lebensdaten

Haus Nr. 16

1678	Elin Brar Bohn Witwe	~1615−1691
1700	Brar Braren	~1656−1703
1722	Brar Braren Witwe	?−nach 1723
1755	Brar Braren	1683−1760
1770	Jens Braren	1732−1790
1800	Hinrich Nickelsen	1772−1807
1830	Hinrich Nickelsen Witwe	1768−?
	und Ing Peters	1796−1866
1845	Hinrich Nickelsen Witwe	
	und Volkert Brar Volkerts	1816−1852

Haus Nr. 17

1700	Bho Braren	~1648−1722
1722	Thur Nickelsen	1717−1778
1755	Marcus Nickelsen	1716−nach 1757
1770	Marcus Nickelsen Witwe	1717−1778
1785	Nickels Marcussen	1754−1810
1830	Rörd Nickelsen	1788−1857
1875	Carolina Nickelsen	1839−?
1900	Sören Peder Pedersen	1849−1943
1923	abgebrannt durch Blitzschlag	

Haus Nr. 18

1722	Ketel Ocken Witwe	~1675−nach 1723
1755	Rordt Ketels	1709−?
1800	Ketel Rörden Witwe;	1752−1826
	das Haus war schon vor 1805 unbewohnt	

Haus Nr. 19

1733	Knut Oldis	1699−nach 1741
1755	Knut Oldis Witwe	1703−1765
1770	Boh Früdden	1727−1780
1815	Christian Jürgensen	?−1819
1830	Jürgen Nickelsen Witwe	1789−1875
1860	Andreas Grumsen	1816−1899
1899	wurde danach als Stall genutzt, war nach 1945 Flüchtlingswohnung und wurde 1948 abgebrochen	

Jahr	Bewohner	Lebensdaten
	Haus Nr. 20	
1678	Rordt Rordten	~1645−1698
1700	Rordt Rordten Witwe	~1656−nach 1723
1722	Rordt Rordten Witwe und Dorothea Rörden	1732−1808
1755	Knudt Olufs	1730−?
1770	Knudt Olufs Witwe	1732−1808
1800	Hinrich Knudten; bis nach 1810 bewohnt, dann abgebrochen, das brauchbare Material für einen Neubau an anderer Stelle genutzt	1761−?
	Haus Nr. 21 war bis 1809 Schule	
1830	Hay Rörden Witwe;	1773−1843
1846	leerstehend, deshalb Abbruch und Wiederverwendung des Materials an anderer Stelle	

Literatur- und Quellenverzeichnis

Nils Århammar, Die Sprachen der Insel Föhr, Münsterdorf 1975
Johann Braren, Die vorgeschichtlichen Altertümer der Insel Föhr, Witsum 1935 [Nachdruck Utersum 1985]
Lorenz Braren, Geschlechter-Reihen St. Laurentii-Föhr, München/Wyk 1949−51 [Nachdruck Husum 1980]
Peter La Baume, Was wissen wir über die Lembecksburg auf Föhr? Führer Heimatbücher Nr. 27 [Wyk] 1961
Dr.-Carl-Häberlin-Friesen-Museum, Rundgang durch die vorgeschichtliche Abteilung, Föhrer Heimatbücher Nr. 28 [Wyk] 1962
Grabhügel und Burgen auf Amrum und Föhr, Föhrer Heimatbücher Nr. 29 [Wyk] 1963
Die Wikingerzeit auf den Nordfriesischen Inseln, in: Jahrbuch des Nordfriesischen Vereins, Jahrgg. 1952/53, S. 5−185
Holger Dammann, Eine agrargeographische Untersuchung von Föhr, Manuskript einer Hausarbeit 1968
Johann C. Fabricius, Københavns Selskabs skrifter VIII, 1760
Fritz Joachim Falk, Die Seefahrer von St. Johannis, Bredstedt 1984
Föhrer Handelsfahrt um 1800, Bredstedt 1987
Volkert Faltings, Die Terminologie der älteren Weidewirtschaft auf den Nordfriesischen Inseln Föhr und Amrum, Bredstedt 1983
Kleine Namenkunde für Föhr und Amrum, Hamburg 1985
Hrsg., Ein Föhrer blickt zurück, Joachim Hinrichsens Lebenserinnerungen, Nordfriesische Lebensläufe 1, Bredstedt 1988
H. V. Gregersen, Den Lüneburgske Saltoktroi, Historisk Samfund for Sønderjylland, Nr. 28, 1962
Carl Haeberlin, Die Nordfriesischen Salzsieder, Föhrer Heimatbücher Nr. 18 [Wyk] 1934
Vier ungedruckte Föhrer Urkunden nebst einem Faksimile der Burgurkunde von 1360, Föhrer Heimatbücher Nr. 13 [Wyk] 1926
H. C. Hinrichsen, Beiträge zur Auswanderung von Föhr und Amrum nach Amerika, Friesisches Jahrbuch 1961, S. 225−243
Karl Kersten / Peter La Baume, Vorgeschichte der nordfriesischen Inseln, Neumünster 1958
Henry Koehn, Die Nordfriesischen Inseln, Hamburg 1961
Heinrich Koops, Kirchengeschichte der Insel Föhr, Husum 1987
Gerhard Kortum, in: Studien zur Wirtschafts- und Sozialgeschichte Schleswig-Holsteins, Bd. 3, 1981, S. 111−201
Friedrich Müller, Föhr, Das Wasserwesen an der schleswig-holsteinischen Nordseeküste, Berlin 1937
O. C. Nerong, Die Insel Föhr, [Dollerup] 1903
Brar C. Roeloffs, Von der Seefahrt zur Landwirtschaft, Neumünster 1984
Susanne Samoleit, Der Fremdenverkehr auf Föhr und seine siedlungsgeographischen Auswirkungen, Manuskript einer Hausarbeit 1980
Thomas Steensen, Die friesische Bewegung in Nordfriesland im 19. und 20. Jahrhundert (1879−1945), Quellen und Forschungen zur Geschichte Schleswig-Holsteins, Bd. 89, Neumünster 1986
Ulf Timmermann, Riemengeld und andere Abgaben auf Helgoland zu Beginn des 16. Jahrhunderts, in: Nordfriesisches Jahrbuch 10 (1974), S. 33−49.
Museen und Archive: Dr.-Carl-Haeberlin-Friesenmuseum in Wyk auf Föhr, Landesmuseum in Schleswig, Inselarchiv in Husum, Nationalmuseum in Kopenhagen
Protokollbücher: Gemeinde Hedehusum auf Föhr, Hegering Föhr, Dörfergemeinschaftsschule Föhr-West
Kirchenbücher von St. Laurentii auf Föhr

Anmerkungen

[1] Karl Kersten / Peter La Baume, Vorgeschichte der nordfriesischen Inseln, S. 22
[2] wie 1, S. 48
[3] Johann Braren, Die vorgeschichtlichen Altertümer der Insel Föhr, S. 55
[4] Peter La Baume, Föhrer Heimatbücher Nr. 28, S. 5
[5] Peter La Baume, Die Wikingerzeit auf den Nordfriesischen Inseln, S. 136
[6] wie 5, S. 142
[7] O. C. Nerong, Die Insel Föhr, S. 211
[8] H. V. Gregersen, Den Lüneburgske Saltoktroi
[9] Carl Haeberlin, Die Nordfriesischen Salzsieder, S. 20
[10] Johann C. Fabricius, Københavns Selskabs skrifter VIII
[11] wie 9, S. 17
[12] wie 9, S. 24
[13] Ulf Timmermann, Riemengeld und andere Abgaben auf Helgoland zu Beginn des 16. Jahrhunderts, S. 33–49
[14] Brar C. Roeloffs, Von der Seefahrt zur Landwirtschaft, S. 14
[15] wie 14, S. 38
[16] wie 7, S. 211
[17] wie 7, S. 48
[18] Lorenz Braren, Geschlechter-Reihen St. Laurentii-Föhr, Sp. 343
[19] Kirchenbuch St. Laurentii
[20] Kirchenbuch St. Nicolai
[21] F. J. Falk, Die Seefahrer von St. Johannis, S. 58
[22] wie 21, S. 51
[23] F. J. Falk, Föhrer Handelsfahrt um 1800, S. 37
[24] wie 14, S. 92
[25] wie 14, S. 111
[26] wie 14, S. 110
[27] wie 14, S. 114
[28] wie 14, S. 119
[29] wie 14, S. 133
[30] Friedrich Müller, Föhr, Das Wasserwesen an der schleswig-holsteinischen Nordseeküste, S. 161
[31] wie 30, S. 162
[32] wie 30, S. 161
[33] wie 14, S. 152
[34] wie 7, S. 55
[35] wie 7, S. 211
[36] Holger Dammann, Eine agrargeographische Untersuchung von Föhr, S. 76
[37] Volkert Faltings, Die Terminologie der älteren Weidewirtschaft auf den Nordfriesischen Inseln Föhr und Amrum, S. 190
[38] Archiv Friesenmuseum Wyk auf Föhr
[39] Gerhard Kortum, Studien zur Wirtschafts- und Sozialgeschichte Schleswig-Holsteins, Bd. 3
[40] H. C. Hinrichsen, Beiträge zur Auswanderung von Föhr und Amrum nach Amerika, Fries. Jahrbuch 1961, S. 226
[41] Lorenz Braren, Geschlechter-Reihen St. Laurentii-Föhr, Teil Ia, S. 269–273
[42] Susanne Samoleit, Der Fremdenverkehr auf Föhr und seine siedlungsgeographischen Auswirkungen
[43] wie 42
[44] Walter Zimmermann, Der Insel-Bote vom 9. 8. 1982
[45] Hark Quedens, alle Daten zum Wasserwerk

[46] Heinrich Koops, Kirchengeschichte der Insel Föhr, S. 165 ff.
[47] wie 14, S. 308
[48] Schulprotokoll Föhr-West
[49] Protokoll vom Hegering Föhr
[50] wie 49
[51] wie 7, S. 74
[52] wie 7, S. 74
[53] wie 23, S. 42–43
[54] wie 29, S. 42
[55] Der Insel-Bote vom 10. 2. 1988

Personenregister
männlich
(* = Geburtsjahr)

Arfsten, A. J. 77
Arfsten, Brar 36
Arfsten, Girri 184
Arfsten, Hay 162
Arfsten, Jacob Carl 70
Arfsten, Jung Rörd 36, 162
Arfsten, Wilhelm 81

Barents, Willem 34
Bendsen, Christian 122
Beukelsz, Willem 33
Blaesing, Jürgen 156
Blaesing, Malte 156
Blaesing, Martin 156
Blaesing, René 156
Bohn, Boy Jürgen 184
Bohn, Knudt 54, 56
Bohn, Namen 152
Bohnitz, Jürgen 81
Bordel, Hartmut 161
Bordel, Reinhard 139, 140, 161
Boysen, Pastor 44, 127, 128
Braren, Bho 187
Braren, Brar (* 1656) 187
Braren, Brar (* 1683) 187
Braren, Brar Cornelius 114
Braren, Broder 106, 171
Braren, Jens 36, 187
Braren, Jung Früd 41
Braren, Lorenz 8, 79
Braren, Magnus 186
Braren, Nickels 186
Braren, Oluf (* ~1650) 184, 186
Braren, Oluf (* 1787) 111, 112, 114, 134, 137
Braren, Rordt 185
Brorson, Bischof 109
Buchholz, Ehrhard 115

Carlsen, Ingwert Theodor 64, 176
Carlsen, Max 105
Carlsen, Volkert Claudius 176
Carlsen, Volkert Martin 64, 72, 73, 98, 176
Carstens, Jürgen Friedrich 78, 86, 185
Carstens, Prof. Dr. Karl 139, 140
Carstens, Nanning Anton 78, 86
Carstensen, Peter Uwe 88, 142, 147
Christiansen, Jens 185

Colditz, H. F. von 101
Cramer, Propst 110

Daniels, Christian 125, 129

Ellersiek, Karl-Heinz 159
Ellersiek, Thorsten 159
Elvert, Heinrich 120, 124, 125, 142, 169
Elvert, Henry 120, 169
Ercken, Jürgen 185
Ercken, Nickels 185

Feddersen, Peter 162
Fischer, Fritz 115
Früchtnicht, Nanning 81
Früdden, Boh 36, 187
Früdden, Früd 36, 44, 45
Früdden, Früdde 186
Früdden, Juhn 44
Früdden, Jung Sönck 36
Früdden, Volkert 175

Gadmers, Nickels 185
Ganzel, Harald 120, 158
Ganzel, Julius 74, 120, 142, 158
Grumsen, Andreas 187
Grumsen, Hinrich Emil 78, 82, 86, 121

Hansen, Friedrich 114
Hansen, Johannes 115
Hansen, Rainer 148
Hayen, Jürgen 184
Hayen, Rörd 35, 36, 184
Helmcke, Heinz Hermann (* 1940) 88, 170
Helmcke, Heinz Hermann (* 1965) 170
Helmcke, Thies 120, 170
Hinrichen, Knudt 39
Hinrichen, Nickels 112
Hinrichen, Rörd 112
Hinrichsen, Conrad 118
Hinrichsen, Hinrich Cornelius 80, 115
Hinrichsen, Julius 81
Hinrichsen, Ocke Elfried 119
Hohberg, J. 121
Holfert, Klaus 151
Holfert, Torsten 151
Hudson, Henry 34

Jacobs, Jacob 184
Jacobs, Sönk 132
Jacobsen, Hinrich Alwin 115
Jappen, Ocke 114
Jensen, Heinrich Otto 119
Jensen, Peter 122
Jensen, Waldemar 118
Jensen, Walter 120
Johannen, Deodor Julius 121, 160
Johnen, Früdd 186
Jürgens, Ocke 54
Jürgens, Oluf 185
Jürgens, Peter 185
Jürgensen, Christian 187
Jürgensen, Johannes 119

Ketels, Rörd 36
Ketels, Rordt 187
Ketels, Rowerdt 172
Ketelsen, Christian 81
Knudsen, Stephan 125
Knudsen, Victor Carl 81
Knudten, Boh 113
Knuten, Eck 36, 152
Knudten, Früd 186
Knudten, Hinrich 39, 188
Knuten, Namen 36, 185
Knuten, Nickels 36, 48, 184
Knuten, Rördt 185
Krambeck, Friedrich 62, 72, 73, 98, 100, 141, 158
Krambeck, Friedrich Ernst 89
Krambeck, Harald Hans Emil 85, 89, 158
Kühl, Arno 176
Kühl, Klaus-Dieter 176
Kühl, Timm 176

Laverentzen, Ock 172
Lobeck, Hannes 163
Lobeck, Matthias 163
Lobeck, Peter 163
Lorentzen, Volkert 55, 56, 175
Lorenzen, Bernd 120, 171
Lorenzen, Dancklef 113
Lorenzen, Karl Werner 106, 120, 171
Lorenzen, Lorenz Cornelius 72, 73, 173
Lorenzen, Lorenz Danklef 162
Lorenzen, Ock 36, 131, 172
Lorenzen, Oluf Volkert 58, 172
Lübcke, Friedrich Wilhelm 62
Lund, H. 53, 56, 93

Mader, Adolf 118, 173
Marcussen, Nickels (* 1742) 36
Marcussen, Nickels (* 1754) 187
Marksen, Nickels 54
Martensen, Adolf 173, 177
Martensen, Bernd Gustav 120, 178, 181
Martensen, Frerk 125, 178
Martensen, Gustav 64, 72, 74, 120, 124, 125, 142, 173, 178, 181
Martensen, Hark Cornelius 120, 181
Martensen, Hinrich 173
Martensen, Niels 175
Martensen, Peter 177
Martensen, Sören 178
Märtz, Erich 173
Matthiesen, Gustav 64, 72, 73, 173, 177
Matthiessen, Matthias Peter 162
Matthiessen, Namen Peter 134, 135, 136, 137
Matthiessen, Peter 78, 86
Matz, Jung Söncken 132
Matzen, Peter 54, 56, 111, 134, 136, 162
Melfsen, Pay 43

Nahmens, Brar 54, 109, 110, 185
Namens, Boh 49, 54, 152
Namens, Ketel (* 1738) 36
Namens, Ketel (* 1758) 48
Namens, Matz 36, 186
Namens, Rörd 36
Nickels, Leif 120, 148
Nickels, Tom 148
Nickelsen, Andreas 42
Nickelsen, Brar 36, 186
Nickelsen, Hinrich 54, 111, 187
Nickelsen, Julius 105, 106
Nickelsen, Marcus 36, 187
Nickelsen, Matz 48
Nickelsen, Rörd 187
Nielsen, Heinrich 115
Nielsen, Henry 120, 166, 167
Nielsen, Ketel Julius 60, 73, 82, 85, 88, 97, 105, 166
Nielsen, Nickels Henry 74, 82, 85, 89, 120, 142, 166, 167
Nissen, Harald 116

Ocken, Jürgen 186
Ocken, Laverentz 172
Ocken, Lorentz 47, 53, 54, 55, 131–134, 172
Oldis, Knut 187
Olufs, Jürgen 185
Olufs, Knudt 36, 188

193

Olufs, Nahmen (* 1729) 36, 185
Olufs, Nahmen (* 1798) 185

Panten, Joachim 85, 89, 120, 124, 129, 130, 139, 174
Paulsen, Martin 163
Paven, Boy 42
Paysen, Pay Nis 60, 73, 179
Pedersen, Andreas Peder 82, 87
Pedersen, August Nicolaus 87
Pedersen, Jürgen Nickels 87, 163
Pedersen, Sören Peder 72, 73, 78, 118, 163, 187
Pedersen, Thomas Christian 87
Peters, Adi 185
Peters, Christian 112, 134
Peters, Christian Diedrich 119
Peters, Hay 36, 54
Peters, Johannes Emil 115
Peters, Jung Rörd 53, 54, 55, 184
Peters, Jürgen 185
Peters, Namen 36
Peters, Rörd 36, 54, 186
Petersen, Carl Martin 89
Petersen, Ernst Heinrich 85, 89, 150
Petersen, Hans Heinrich 118, 121, 124, 128, 150, 153
Petersen, Harald Siegfried 98, 100, 124, 153
Petersen, Herbert 66, 73, 74, 120, 124, 125, 142, 150
Petersen, Hinrich Eduard 89
Petersen, J. A. 115
Petersen, Jan 73, 142, 153, 155
Petersen, Newton 70
Petri, Richardus 40
Philippsen, Hans 15, 115

Quedens, Hark 106
Quedens, Richard 119
Quedensen, Pastor 43, 131

Richelieu, Herzog de 35
Rickmers, Lorenz Hinrich 135, 136
Riewerts, Oskar 120
Rolofs, Christian D. 113
Ronnebeck, Johann 180
Ronnebeck, Johann Paul 180
Ronnebeck, John 111, 180
Ronnebeck, Julius 180
Rörden, Amck 36, 41
Rörden, Arfest 175
Rörden, Boh 70, 149

Rörden, Boy Conrad 150, 153
Rörden, Boy Hinrich 149
Rörden, Carl Volkert 120
Rörden, Conrad Julius 73, 85, 88, 97, 142, 165
Rörden, Eric 165
Rörden, Friedrich Reinhard 88, 165
Rörden, Harald Julius 74, 85, 88, 120, 165
Rörden, Hay (* 1687) 184
Rörden, Hay (* 1768) 54, 184
Rörden, Heinrich 98, 99, 121, 157
Rörden, Heinrich Emil 88
Rörden, Hinrich Reinhard (* 1875) 118, 160, 179
Rörden, Hinrich Reinhard (* 1936) 88
Rörden, Jann 161, 164
Rörden, Jan Peter 120
Rörden, John 36
Rörden, Jung Rörd 70, 94, 113, 157, 160
Rörden, Ketel 172
Rörden, Lorenz Tönis 7, 19, 31, 64, 72, 73, 81, 85, 88, 98, 100, 128, 142, 143, 160, 164
Rörden, Namen 36, 38, 109, 185
Rörden, Oluf 186
Rörden, Peter 36, 184
Rörden, Rörd (* 1697) 36, 186
Rörden, Rörd (* 1742) 36, 41, 186
Rordten, Adi 185
Rordten, Rordt 188

Schmidt, Magnus 126, 143
Schulte, Dr. Carl 168
Schulte, Jan Markus 168
Schulte, Knut 168
Schultz, Carl (* 1940) 85, 87, 120, 145, 146
Schultz, Carl (* 1969) 145
Schultz, Ernst 87
Schultz, Gerhard 88, 146
Schultz, Hans Hinrich (* 1862) 72, 73, 146
Schultz, Hans Hinrich (* 1895) 87
Schultz, Hinrich 87, 146
Schultz, Jürgen Hinrich 87
Schultz, Leonhard 87
Schultz, Oluf 88, 146
Schultz, Otto Friedrich 87
Schultz, Peter Friedrich 85, 87, 129, 142, 146
Schultz, Thomas Christian 87
Schwarz, Henrik Julius 168
Sönnichsen, Jon Andreas 180
Sörensen, Chr. 136
Süncken, Ock 184
Süncken, Rordt 184

Tesdorpf, Eckart 154
Tesdorpf, Johann Christoph 154
Tesdorpf, Johann Matthäus 154
Titzck, Rudolf 139

Urban, Prof. Dr. Martin 182

Volkerts, Volkert Brar 187

Wanner, Heinrich 115
Wedel, Pastor 127
Wögens, Jenß 132

weiblich
(Wwe. = Witwe)

Amcken, Marret 186
Arfsten, Kerrin 162

Blaesing, Edda 156
Bohn, Eleonora Maria 149, 152
Bohn, Elin Brar Wwe. 187
Bohn, Maria 152
Bohn, Namine Sophie 81
Bordel, Angelika 161
Bordel, Ruth 139, 140, 161
Bordel, Silke 161
Braren, Brar Wwe. 187
Braren, Magnus Wwe. 186
Braren, Thea 106, 171

Carlsen, Clara 176
Carstens, Gardina Christina 86, 185
Carstens, Oline Louise 86
Carstensen, Anke 147
Carstensen, Christine 147
Carstensen, Janette 147

Ecken, Elen 152
Ellersiek, Claudia 159
Ellersiek, Ingrid 159
Elvert, Christa 169
Elvert, Heike 169
Elvert, Kerstin 169
Elvert, Maria 169

Feddersen, Carolina Maria 81
Feddersen, Harlich 162
Feddersen, Richardine Caroline 81

Feddersen, Toni Janette 81
Früdden, Früdde Wwe. 54, 186
Früdden, Kerrin 44, 45
Früdden, Mantje 175
Früdden, Marina 44
Früdden, Osina Carolina 175

Ganzel, Karin 158
Ganzel, Marianne 158
Ganzel, Tilli 158
Girris, Anna Paul Wwe. 184

Harmens, Elin 184
Harmens, Ing Jacob Wwe. 184
Hayen, Elen 149
Hayen, Gundel 132
Hayen, Jürgen Wwe. 54, 184
Hayen, Rörd Wwe. 184
Helmcke, Enken 170
Helmcke, Heike 170
Helmcke, Johanna Josine 88, 170
Hinrichen, Peter Schwester 186
Holfert, Katrin 151
Holfert, Sigrid 151
Holfert, Tanja 151

Jacobs, Knut Wwe. 184
Jacobsen, Sophie Christine 136
Johannen, Gardine Christine 160
Jürgens, Kerrin 186
Jürgens, Nickels Wwe. 186
Jürgens, Pöpke 44
Jürgensen, Christina 163

Knudsen, Gardina Christina 97, 112, 137, 138, 157
Knudten, Krassen 45
Knudten, Mattje 157
Knudten, Nickels Wwe. 54, 185
Krambeck, Else Henriette L. 89
Krambeck, Henriette Louise 158
Krambeck, Kreske 158
Krambeck, Maria Margaretha 89
Krambeck, Mathilde Gardine 158
Kühl, Gertraude 176

Laverentzen, Jung Thur 172
Lobeck, Hannah 163
Lobeck, Paula 163
Lorentzen, Harlig 175
Lorentzen, Jung Marret 172
Lorentzen, Marrin 175
Lorenzen, Antje 171

Lorenzen, Elke 58, 173
Lorenzen, Ellien Caroline 173
Lorenzen, Emma Cornelia 81
Lorenzen, Julia 171
Lorenzen, Keike 162
Lorenzen, Louise 173
Lorenzen, Tinne Maria 173

Mader, Inge Tinne 173, 177
Marcussen, Krassen 109
Martensen, Carin 173, 178, 181
Martensen, Ella 173
Martensen, Gerda 177
Martensen, Göntje 175
Martensen, Inge 177
Martensen, Ingrid 177
Martensen, Inken 181
Martensen, Magrete 173
Martensen, Maike Therese 181
Martensen, Maren 178
Martensen, Therese Maria 173
Märtz, Toni 173
Matthiessen, Keike 179
Matthiessen, Tinne 162
Matzen, Christina 162
Matzen, Ing Peter 112, 134, 137, 138

Nahmens, Brar Wwe. 185
Nahmens, Oluf Wwe. 54, 185
Nickels, Elke 148, 150
Nickelsen, Carolina 187
Nickelsen, Hinrich Wwe. 187
Nickelsen, Jürgen Wwe. 187
Nickelsen, Lena Christina 109
Nickelsen, Marcus Wwe. 187
Nickelsen, Thur 132, 187
Nielsen, Annegret 166
Nielsen, Ellen 167
Nielsen, Inna Therese 60, 82, 83, 85, 89, 166
Nielsen, Karen 166
Nielsen, Kerrin Osine 85, 89, 167
Nielsen, Kirsten 167
Nielsen, Maren 167

Ocken, Ketel Wwe. 187
Ocken, Krassen 172
Ocken, Marret 172
Oldis, Knut Wwe. 187
Olufs, Ehlen 132
Olufs, Gardina Christina 78
Olufs, Knudt Wwe. 188
Olufs, Muel 54

Panten, Betty 174
Panten, Inge Elena 89, 173, 174
Panten, Thelma 174
Paysen, Christine 179
Pedersen, Gertrud Ingeline 163
Pedersen, Susanne Johanna 87
Pedersen, Tomine Christine 78, 163
Peters, Ing 186, 187
Peters, Jung Rörd Wwe. 184
Peters, Keike 112, 134, 179
Peters, Rörd Wwe. 186
Petersen, Anja 153
Petersen, Christina Hardina 89
Petersen, Christine Therese 150
Petersen, Elke Catharina 150, 153
Petersen, Ginna Cornelia 89, 150
Petersen, Inge Helene 89
Petersen, Ingke 150, 166
Petersen, Karla 150
Petersen, Käthe 153
Petersen, Margaretha 153

Ronnebeck, Erika 180
Ronnebeck, Jelena 180
Ronnebeck, Johanna 180
Ronnebeck, Larissa 180
Rörden, Birte 165
Rörden, Catharina Marg. 149
Rörden, Dorothea 188
Rörden, Eike 157
Rörden, Elen (* 1702) 175
Rörden, Elen (* 1754) 149
Rörden, Erna 164
Rörden, Erna Johanna 160, 164
Rörden, Ganner 172
Rörden, Gardina Christina 157, 160
Rörden, Gidea Catharina 150, 153
Rörden, Göntje 186
Rörden, Hay Wwe. 184, 188
Rörden, Inge Theodora 88
Rörden, Ingke Taddea 160
Rörden, Ingke Tinne 85, 88, 165
Rörden, Josina Richardina 85, 88, 165
Rörden, Jung Marret 131
Rörden, Ketel Wwe. 54, 187
Rörden, Nickels Jung Wwe. 54
Rörden, Oluf Wwe. 186
Rörden, Silke 165
Rordten, Crassen 185
Rordten, Rordt Wwe. 188

Schulte, Henny 168
Schultz, Christine 85, 88, 146, 147

Schultz, Conny 145
Schultz, Helena Margaretha 146
Schultz, Helene 87
Schultz, Helga 145
Schultz, Henny Helene 87
Schultz, Josephine 87, 146
Schultz, Kerrin 88, 146
Schultz, Marita Josine 88, 145
Schultz, Meta Catharina 87

Söncken, Göntje 184
Sönnichsen, Sophie Johanna 179
Süncken, Crassen 184
Süncken, Ock Wwe. 184
Süncken, Rordt, Wwe. 184
Syncken, Crasten 184

Tesdorpf, Sonja Carmen 154

Wögens, Krassen 131

Die Insel Föhr
im Verlag Nordfriisk Instituut

Osterstraße 63 · D-2257 Bräist/Bredstedt, NF · Telefon (04671) 2360

Ein Föhrer blickt zurück
Joachim Hinrichsens
Lebenserinnerungen
Aufgezeichnet von Iver Nordentoft
Übersetzt und bearbeitet von
Volkert F. Faltings
(Reihe Nordfriesische Lebensläufe, Nr. 1)
200 Seiten, viele Abb., 17 × 24 cm,
gebunden, Pp.
ISBN 3-88007-145-4
DM 29,80

Joachim Hinrichsen (1846–1930) aus Toftum (Föhr) beschreibt in seinen Lebenserinnerungen die politische und gesellschaftliche Entwicklung auf Föhr vom Ende der dänischen Zeit bis unmittelbar nach der Volksabstimmung von 1920, mithin also die ereignisreiche Epoche des nationalen Umbruchs vom dänischen Gesamtstaat zur preußischen Provinz.

Fritz Joachim Falk
Die Seefahrer
von St. Johannis
Eine Föhrer Gemeinde zur Walfangzeit
Vorwiegend nach den Kirchenbüchern
1740–1815 dargestellt
Nordfriisk Instituut Nr. 76
112 Seiten, 15 Abbildungen, kart.,
ISBN 3-88007-122-5
DM 9,80

Fritz Joachim Falk
Föhrer Handelsfahrt
um 1800
Die vergessene Altonaer Periode
nach zeitgenössischen Quellen dargestellt
Nordfriisk Instituut Nr. 82
145 Seiten, zahlr. Abb. kart.,
ISBN 3-88007-137-3
DM 12,80

Volkert F. Faltings
Die Terminologie
der älteren Weidewirtschaft
auf den Nordfriesischen
Inseln Föhr und Amrum
Wortgeschichtliche und wortgeographische Studien zum inselnordfriesischen Wortschatz
(Studien und Materialien, Nr. 18)
339 Seiten, kart.,
ISBN 3-88007-115-2
DM 15,00

Karen H. Ebert
Referenz, Sprechsituation
und die bestimmten Artikel
in einem nordfriesischen
Dialekt (Fering)
(Studien und Materialien, Nr. 4)
207 Seiten, kart.,
ISBN 3-88007-033-4
DM 12,00

H. Philippsen
Sagen und Sagenhaftes der Insel Föhr
Nachdruck der 2. Auflage (1928)
Mit einem Nachwort von
Jakob Tholund
Verlag H. Lühr & Dircks
NF-Reprint Nr. 2
84 Seiten, 12,4 × 18 cm, kart.
ISBN 3-921416-16-7
DM 9,80

Liitjinbuk för Feer an Oomram
Naist Aplaag
Trochluket faan E. Braren an O. Wilts
Hrsg. Fering Ferian
Nordfriisk Instituut Nr. 84
78 Seiten, kart.
ISBN 3-88007-143-3
DM 8,50

Hans Christian Andersen
Tiin Tääle
Teeknings fan Vilhelm Pedersen
Ausgaben in Föhringer, Mooringer und Syltringer Mundart.
Nordfriisk Instituut Nr. 50
80 Seiten mit zahlr. Illustr., kart.
ISBN 3-88007-002-2 (Fö)
DM 9,80

Heinrich Koops
Die Insel Föhr
Eine Bibliographie (bis 1960)
(Studien und Materialien, Nr. 5)
X und 166 Seiten, kart.
ISBN 3-88007-039-3
DM 12,00
(Fortsetzung ab 1960 in Vorbereitung)

Wilhelm Busch
Maks an Moorits
Ausgaben in Amringer, Mooringer und Syltringer Mundart
Nordfriisk Instituut Nr. 52
63 Seiten, Orig. Abb., kart.
ISBN 3-88007-083-0 (Mo)
DM 9,80

ISBN 3-88007-089-X (Sy)
DM 9,80

ISBN 3-88007-090-3 (Am)
DM 9,80

V. Tams Jörgensen
snaak friisk interfriisk leksikon
Deutsch/Dansk/Mooring/
Fering-Öömrang/Sölring/
Halunder/Frysk/English
Nordfriisk Instituut Nr. 36
131 Seiten, kart.
ISBN 3-88007-105-5
DM 9,80